Le libéralisme démocratique

d'Alain

JÉRÔME PERRIER

LE LIBÉRALISME
DÉMOCRATIQUE
D'ALAIN

Préface d'Alain Madelin

Paris, 2015
Institut Coppet
www.institutcoppet.org

PRÉFACE

ALAIN, UN LIBÉRAL DE GAUCHE ?

Ainsi, Alain est un libéral, un libéral de gauche.

C'est la thèse bien charpentée et excellemment documentée que développe Jérôme Perrier dans cet essai.

Grâce à lui, je m'explique mieux maintenant mon immense attrait pour l'œuvre d'Alain que j'ai eu la chance de découvrir très jeune au hasard d'une petite bibliothèque familiale, bien avant que de me découvrir ou de me construire « libéral ».

Jérôme Perrier allie une solide culture libérale — philosophique, économique et politique — avec la rigueur de l'historien. Il en résulte une fascinante et passionnante mise en perspective qui relie à juste titre l'œuvre d'Alain à la pensée libérale, l'insère dans un contexte historique étranger à nos clivages politiques contemporains, et montre à ceux qui en douteraient encore non seulement qu'il existe un libéralisme de gauche, mais encore que la pensée individualiste qui sous-tend le libéralisme — celle du « citoyen contre les pouvoirs » — constitue aujourd'hui un héritage précieux pour accompagner la grande mutation de nos sociétés vers la civilisation mondiale du savoir.

C'est tout l'art de Jérôme Perrier, que de savoir désenclaver la pensée libérale, l'enrichir des meilleures sources, et ainsi dégager le meilleur d'un héritage utile à notre époque.

Ce qui est frappant au travers de cet essai, c'est de voir à quel point Alain va exprimer avec ses propres mots et son génie de langue française les idées de tant de ses prédécesseurs ou de contemporains libéraux. Sans même, semble-t-il, avoir fréquenté leur œuvre.

Tout comme il va préfigurer intuitivement des libéraux plus modernes.

Alors, comment Alain, ce radical de gauche républicain, peut-il être le libéral que nous montre Jérôme Perrier ?

Peut-être n'est-il pas inutile de rappeler qu'avant même qu'Alain ne commence à écrire son œuvre, Maurice Block, dans son *Dictionnaire général de la politique* écrivait que ce qui séparait les radicaux des libéraux n'était qu'une affaire de tempérament, le radicalisme n'étant « qu'une manière plus tranchée d'exprimer des opinions que les libéraux forment avec plus de modération ».

Assurément, Alain a tout d'un libéral.

Un libéral politique, philosophique, juridique, d'abord attaché à la souveraineté de l'individu. Un individu porteur de droits inaliénables que la foule ne saurait remettre en question car « la démocratie n'est pas le règne du nombre, c'est le règne du droit ».

Un droit qui doit être protégé contre ce que Hayek appellera plus tard « la présomption fatale » de ceux qui prétendent incarner l'intérêt général.

Protégée contre ceux qu'il nomme les « Importants » et auxquels il entend réserver ses flèches. La société est trop complexe pour être confiée aux grands hommes, aux grands visionnaires, aux ingénieurs ou aux architectes sociaux qui entendraient la façonner au nom d'une prétendue volonté générale.

On trouve chez Alain l'idée d'un « ordre spontané » dans la vision d'une société qui s'organise naturellement comme un arbre pousse ; une opposition entre les grands architectes et les modestes jardiniers qu'il m'est arrivé de si souvent reprendre.

Jérôme Perrier fait découvrir aussi Alain, le libéral économique à propos duquel on peine à retrouver l'influence de quelque grand économiste, mais qui semble bien s'être construit de lui-même une pensée libérale économique robuste. Pour lui, un prix « juste » est un prix de marché, une économie de marché est une économie de libre-échange et de division du travail.

On peut assurément trouver chez Alain des pages dignes de Bastiat, d'Adam Smith et de bien d'autres économistes qui lui seront postérieurs. Jérôme Perrier excelle à cet exercice. Il n'en reste pas moins que l'économie selon Alain est une économie modeste faite de petits entrepreneurs, rétive aux grands travaux, aux grands équipements — comme le métro qui va curieusement soulever son ire tant est forte sa propension à condamner les progrès qu'il trouve inutiles, le luxe superflu — et, bien sûr, le gaspillage de l'argent public.

Il est vrai qu'Alain redoute et dénonce la collusion dangereuse du pouvoir économique et du pouvoir politique. Un danger politique car si le plus grand des producteurs ne fait qu'obéir à la volonté du consommateur, le politique — lui — bénéficie du pouvoir de contrainte sur la vie de tout un chacun.

Une connivence que par ailleurs Alain avait bien identifiée. C'est ainsi qu'il distingue trois pouvoirs — le peuple, les riches et les bureaucrates — pour conclure à la connivence de fait qui se crée entre les riches et les bureaucrates, et aboutit au bout du compte à un seul grand parti bureaucratique avec sa gauche et sa droite.

Car Alain reste avant tout le défenseur des petites gens contre les « Importants », le défenseur du citoyen contre les pouvoirs.

Alain n'aime pas la grande politique, celle qui se fait à Paris. Il préfère celle qui se fait à l'ombre des clochers… ou des mairies. Celle qui permet le contrôle des élus par les citoyens attentifs à la défense de leurs petits intérêts.

C'est pourquoi Alain va défendre avec fougue — et à mes yeux idéaliser — le scrutin d'arrondissement qu'il pare de toutes les vertus.

Un scrutin qui sera la marque de la IIIème République même si l'on peut trouver quelque bon sens à ceux des républicains radicaux qui, comme Gambetta, préféraient le scrutin proportionnel tant ils craignaient que le scrutin d'arrondissement ne ramène le candidat officiel et ne finisse par corrompre la vertu démocratique dans un clientélisme distributeur de faveurs en connivence avec le pouvoir.

En fait, les républicains radicaux étaient assurément tous très conscients de la nécessité de protéger les citoyens contre les abus du pouvoir — fussent-ils ceux d'une démocratie.

La plupart d'entre eux comptent pour cela sur la vertu républicaine appuyée par l'éducation. Alain imaginait lui, surtout, le contrôle de proximité des élus par les citoyens.

En fait, il lui manquait alors assurément l'idée libérale d'une protection constitutionnelle des droits fondamentaux — une idée héritée de la Révolution américaine, étrangère tout autant à la Révolution française qu'aux républicains libéraux d'alors.

Tout comme manque certainement chez Alain la compréhension du phénomène totalitaire. Si Alain est assurément pacifiste, nourri des horreurs de la Grande Guerre dans laquelle il voit une cause de l'excroissance du Pouvoir, un fondateur du Comité de Vigilance des Intellectuels Antifascistes, son pacifisme va sans doute l'emporter sur la résistance au totalitarisme — et même sur la simple compréhension du phénomène totalitaire.

On ne peut que regretter que — sans doute affaibli par la maladie — il n'ait pas mis son intelligence et sa finesse au service du combat contre les totalitarismes de son époque.

Quoi qu'il en soit, l'essai de Jérôme Perrier nous permet de retrouver une dénonciation de la société de commandement d'une incroyable modernité — et qui renoue avec les racines historiques de la gauche.

Alain Madelin

Le libéralisme d'Alain n'a que très rarement attiré l'attention des commentateurs[1], ne serait-ce que parce que l'intéressé lui-même n'a jamais revendiqué cette filiation intellectuelle — d'autant que sa famille politique, la gauche, a toujours entretenu des rapports pour le moins complexes, pour ne pas dire ambigus, avec cette tradition de pensée. Plus important encore, Alain est tout autant un démocrate (assumé) qu'un libéral (caché). Durant toute sa vie, il est resté le petit boursier, fils d'un modeste vétérinaire, pur produit de la méritocratie républicaine, et furieusement attaché à la défense du « petit peuple » contre les Importants et les Puissants (qu'ils aient nom Ministres, Généraux, Académiciens, Bureaucrates, ou encore Riches propriétaires). Il s'agit bien là, chez lui, d'un quasi réflexe, qui est à l'origine même de son engagement politique[2], et qui l'éloigne tout naturellement

---

[1] On peut toutefois faire une exception pour Thierry Leterre, qui a écrit divers textes sur le sujet, dont : « Le libéralisme d'Alain », *Commentaire*, n°72, 1995/4, p. 851-860. On peut aussi citer Lucien Jaume, « La fonction de juger dans le Groupe de Coppet et chez Alain », in *Alain dans ses œuvres et son journalisme politique*, Paris, Institut Alain, 2004, pp. 205-214. Lucien Jaume évoque aussi le libéralisme d'Alain dans son livre : *L'individu effacé ou le paradoxe du libéralisme français*, Paris, Fayard, 1997.

[2] La manière dont Alain en est venu à s'intéresser à la politique et à y consacrer une part non négligeable de son œuvre, est d'ailleurs très intéressante. C'est ainsi que dans un propos du 15 octobre 1924, il écrit : « La vocation d'écrire m'est venue de politique. Le spectacle des Importants m'a toujours donné l'idée de les cribler de flèches. »

d'un libéralisme majoritairement[1] élitiste, conservateur et viscéralement méfiant à l'égard du pouvoir des « masses » (que l'on pense à Guizot et Tocqueville ou à d'autres auteurs moins connus). Reste que les grands thèmes qu'Alain a développés durant des décennies dans son œuvre « politique » (et notamment dans ses propos) font sans conteste de lui un auteur authentiquement libéral, même si son libéralisme — comme nous le montrerons — est d'un genre tout à fait singulier, et même iconoclaste. C'est ce que nous allons essayer de démontrer, citations à l'appui, en développant trois dimensions privilégiées, que nous avons jugé particulièrement intéressantes, sans pour autant prétendre à la moindre exhaustivité sur une question qui mériterait de bien plus amples développements[2]. Nous diviserons donc notre argumentation en trois parties, en mettant successivement en valeur : une conception libérale du rôle de l'État dans l'économie ; un libéralisme de l'individu contre l'État, qui s'inscrit dans une — riche quoique minoritaire — tradition française ; et enfin un libéralisme démocratique qui débouche sur une définition très originale de la démocratie, où le Contrôle populaire prend le pas sur une fictive Volonté populaire (ou générale). Au terme de ce parcours, nous espérerons être parvenu à démontrer non seulement qu'Alain est un vrai et grand auteur libéral – ce qui, après tout, ne réjouira que les libéraux — mais aussi qu'il est un auteur d'une incroyable modernité — ce qui est susceptible d'interpeller davantage de lecteurs…

---

[1] Majoritairement ne veut pas dire entièrement. Il existe aussi un libéralisme authentiquement démocratique, mais force est bien de constater qu'il a longtemps été minoritaire, notamment au XIXᵉ siècle.

[2] Ce que nous ne désespérons pas de faire dans un avenir assez proche, sous la forme d'un livre consacré à la Politique d'Alain.

I.

Une conception libérale du rôle de l'État dans l'économie.

Pour un État-gendarme.

La question des limites de l'État est une de celles qui ont le plus intéressé les libéraux et c'est là, très certainement, l'une des lignes de clivage qui les distinguent d'autres courants de pensée. Pour les libéraux en effet, un État qui se mêle de tout est nécessairement un État liberticide. Ce qui ne veut d'ailleurs pas dire que les libéraux sont tous d'accord sur ce que devrait être la délimitation précise de la sphère de compétence de l'État reconnue comme légitime. Loin de là ! Sans même parler des libertariens (qu'ils s'inscrivent dans la tradition d'un Nozick ou plus encore d'un Rothbard) qui rêvent d'une société sans État, il y a presque autant de réponses que de libéraux à la question : « De quoi l'État est-il légitimement en droit de s'occuper ? »

Une fois établi ce constat d'hétérogénéité, il reste que tous les libéraux, sans exception, s'accordent sur la nécessité de rester vigilants face à l'inflation législative galopante à laquelle nous assistons depuis plusieurs décennies et face à un interventionniste étatique qui n'a cessé de croître tout au long du XXᵉ siècle (passant par exemple, pour la France, de 11% de PIB pour les dépenses publiques en 1872, à plus de 50% durant la décennie 1990)[1]. Tous sont d'accord pour

---

[1] Cf. Christine André et Robert Delorme, « Le Budget de l'État », in *Cahiers français* no 261 (mai-juin 1993).

distinguer clairement les missions strictement *régaliennes* de l'État — qui ne peuvent lui être contestées sans détruire l'idée même d'État — et ses tâches *subsidiaires* qui, elles, prêtent éminemment à débat[1]. On peut même aller plus loin et dire que pour les libéraux, la notion même d'État fort ne pose pas problème dès lors que les champs d'intervention dudit État sont *très strictement* circonscrits. Selon une formule célèbre de celui qui est peut-être le meilleur théoricien français du libéralisme, Benjamin Constant, l'État ne peut être présent hors de sa sphère, mais dans sa sphère, il ne saurait y avoir trop d'État[2].

Or, force est de constater qu'une telle vision est très proche de celle que développe Alain dans nombre de ses propos, comme par exemple dans celui-ci, daté du 14 février 1908 et dans lequel on peut lire : « Le plus grand nombre de ceux qui raisonnent sur la politique grossissent l'État démesurément ; ils veulent remplacer l'action des citoyens par l'action de l'État ; on dirait un système communiste ; chacun apporte à la masse tous ses besoins, tous ses désirs, toute sa puissance, et les délégués composent avec tout cela une vie collective qu'ils distribuent également sur tous, à peu près comme un jardinier arrose un carré de choux. » Et Alain de poursuivre : « Cela va contre la nature. Chaque individu a sa vie propre, qu'il développe autant qu'il peut (…). *Prenons donc l'État pour ce qu'il est, pour un préfet de police. L'État est un gardien de la paix*[3]. Les représentants de la Nation ont principalement pour tâche d'organiser la sécurité, le plus économiquement possible. En d'autres termes la société politique n'est qu'une coopérative pour la sûreté des personnes et des biens.

---

[1] Je parle ici des libéraux, non des libertariens.

[2] Voir notamment Jean-Philippe Feldman, « Le constitutionnalisme selon Benjamin Constant. », *Revue française de droit constitutionnel* 4/2008 (n° 76), p. 675-702.

[3] C'est nous qui soulignons.

L'impôt est le prix que nous payons pour la sûreté. Un agent de police, un juge, et un représentant du peuple qui surveille l'agent et le juge, voilà l'image des pouvoirs publics. »

Cette représentation de l'État-gendarme, ou si l'on préfère de l'État-minimum tel qu'on l'entendait au XIXᵉ siècle, apparaît souvent sous la plume d'Alain, ce qui n'est certainement pas sans rapport avec la marginalisation qu'a connue sa pensée politique au siècle suivant, au sein d'une gauche majoritairement statophile — lorsqu'elle ne fut pas statolâtre. Alain, lui, se reconnaît dans un État cantonné à ses tâches les plus essentielles, qu'il n'hésite pas à représenter de manière métonymique par l'image de l'agent au carrefour, dont le rôle est pour le coup indispensable, sauf à laisser s'instaurer un ordre arbitraire qui serait la loi du plus fort. Mais si l'auteur des propos — qui n'a rien d'un anarchiste ou d'un libertarien avant l'heure — ne discute jamais cette fonction minimale de l'agent de police, garant de la sécurité et du respect par chacun des droits de l'autre, il s'inquiète régulièrement face à la montée en puissance d'un État sans cesse plus tentaculaire, qu'il n'hésite pas à qualifier de Léviathan. Ce faisant, il reprend ainsi une image chère à Hobbes, théoricien bien connu de l'absolutisme, afin de mieux mettre en garde le lecteur contre les risques considérables que fait courir à la liberté des citoyens cette inexorable montée en puissance de l'appareil étatique. Dans le même propos du 14 février 1908, Alain écrit en effet : « (…) les pouvoirs publics sont usurpateurs par leur fonction même. Le citoyen qui a pour métier d'être armé et de monter la garde en vient à adorer sa propre puissance, et à vouloir tout régler. Pendant de longs siècles les peuples ont été opprimés et molestés par leurs défenseurs. Le remède consistait à remettre les choses en place, et à rappeler de temps en temps aux gouvernants qu'ils sont des agents de police au service de la nation. Tel est le sens du suffrage universel ; il rappelle à tous, périodiquement, la véritable nature des puissances politiques ; il rend impossible le respect de religion à l'égard des gardiens ; il limite l'action du pouvoir central, arrête les ministres qui se prennent pour des pasteurs de peuples, terrifie les bureaucrates, et empêche, en peu de mots, les chiens de garde de mordre leurs maîtres. Cette résistance à la tyrannie, l'électeur l'exerce très bien, dès maintenant, sans secousses et sans troubles. Voilà ce qui importe. Attendre de l'action commune une espèce de Sagesse qui réglerait tout, et remplacerait le bon sens individuel, c'est encore une idée théologique. »

On est bien ici au cœur de la politique d'Alain. À ses yeux en effet, le suffrage universel n'a pas pour vocation de faire émerger des hommes supérieurs (ces « Galilée de la politique[1] ») qui, au nom de l'intérêt général dont ils seraient l'incarnation ou l'unique vecteur, guideraient le pays en mettant en œuvre une Politique ambitieuse — qui, au besoin, ferait le bonheur des gens malgré eux[2]. Tout au contraire, le suffrage universel doit simplement permettre aux individus libres que sont — ou devraient être… — les citoyens, de tenir leurs élus en laisse et de les dissuader, par un contrôle de tous les instants, de menacer leurs droits fondamentaux d'une manière ou d'une autre. D'où l'importance, chez lui, du mode de scrutin. Adversaire résolu de la proportionnelle, le radical Alain voit au contraire dans le scrutin d'arrondissement un garant indispensable de la démocratie. En rapprochant l'élu de ses électeurs (dans le cadre d'une circonscription à taille humaine), le scrutin d'arrondissement empêche les hommes politiques de se laisser gagner par l'esprit capiteux de la Grande Politique et de la capitale, en les obligeant à rendre sans cesse des comptes à leurs électeurs. De même que les députés peuvent interpeller les ministres tous les jours à la Chambre, les électeurs doivent pouvoir interpeller

---

[1] *Propos d'un Normand* (désormais *PN*), 19/6/1914.
[2] C'est un point capital, sur lequel nous reviendrons en conclusion.

leur député tous les dimanches matin sur la place du marché, et lui faire comprendre que c'est d'eux qu'il tient son mandat, et qu'il ferait bien de s'en souvenir lorsqu'il vote des lois à Paris... C'est dans cette fonction de surveillance (ce qu'il appelle le « Contrôle ») de l'élu par l'électeur qu'Alain voit le cœur de la démocratie, ainsi conçue comme le meilleur moyen de tenir le pouvoir en bride et d'empêcher qu'il ne devienne envahissant et liberticide[1]. Le mode de scrutin doit faciliter ce contrôle démocratique, et non pas servir à faire remonter de la base vers le sommet une hypothétique volonté générale (la volonté ne pouvant être qu'individuelle pour Alain). Par la même occasion, le mode de scrutin doit empêcher les hommes politiques de vouloir accroître sans cesse leurs responsabilités ainsi que l'emprise de l'État sur la société, en les rappelant à davantage de modestie et de rigueur dans la gestion des deniers publics (autrement dit de l'argent du contribuable). Il doit donc réfréner la tentation croissante qu'ont tous les gouvernants — aiguillonnés en cela par leurs bureaucraties tentaculaires et voraces — de transformer le simple agent au carrefour en un omniprésent et omniscient tuteur, entrepreneur, empêcheur, facilitateur, incitateur, instituteur, infirmier, assistante sociale, amuseur, et autre ordonnateur *panem et circences*. Bref en un touche-à-tout ayant son mot à dire dans tous les domaines de la vie sociale. En ce sens, lorsqu'il ramène le gouvernant à la raison et à davantage de modestie en lui rappelant quotidiennement que tout cela a un coût dont il devra bientôt rendre compte, le scrutin d'arrondissement accomplit une mission que l'on peut qualifier d'éminemment libérale, en ceci qu'il est censé enrayer un mécanisme d'inflation étatico-législative, que les auteurs se

---

[1] Je renvoie à la conclusion générale de cette courte étude, qui revient en détail sur cette question décisive pour bien comprendre la nature du libéralisme démocratique d'Alain.

réclamant de l'école du *Public Choice* ont parfaitement démonté quelques décennies plus tard (nous y reviendrons).

Contre les « éléphants blancs »

Alain rappelle toujours que le citoyen est *aussi* un contribuable et que les initiatives des gouvernants ne peuvent exister que pour autant qu'ils ont le pouvoir de les financer en piochant à leur guise dans les poches de leurs mandants. D'où la nécessité, là encore, pour ces derniers, de tenir la bride serrée sur le cou des hommes de l'État (politiciens et bureaucrates) trop dépensiers. Mais plus encore que par la pression fiscale excessive (qui est loin d'être absente des Propos, loin de là)[1], c'est par la dénonciation de la frénésie de travaux publics en tous genres, que passe de manière privilégiée la critique alinienne de l'activisme et de la prodigalité étatiques. Dans un propos daté du 6 janvier 1907, il écrit par exemple : « Le sous-sol de Paris est ravagé dans tous les sens par d'invisibles taupes. Quand je pense au prix du mètre courant, je me demande toujours si les voyageurs se multiplieront aussi vite que les voies de communication. (…) Ainsi se font beaucoup d'entreprises, non par l'effet des besoins du consommateur, mais par l'effet des besoins du producteur. L'outillage est si compliqué et si coûteux que celui qui est en mesure de fabriquer fabrique tant qu'il peut et s'ingénie à placer ses produits. »

La défense intransigeante du consommateur face au producteur est, on le sait, un thème récurrent de la littérature

---

[1] Voir, parmi tant d'autres, ce propos de décembre 1933 où Alain s'emporte contre les bureaucrates qui « ne cessent jamais de proposer de nouvelles dépenses, de s'augmenter eux-mêmes, de créer des postes et de créer des besoins, sans jamais penser au simple citoyen qui est seulement bon pour payer ».

libérale. Un thème qu'un penseur comme Mises a abondamment illustré au XXᵉ siècle, faisant même du consommateur le responsable ultime des pertes et des profits, et par conséquent le dispensateur final des récompenses, dans un système authentiquement capitaliste (ce que résume parfaitement bien la formule de « souveraineté du consommateur[1] »). C'est donc dans une veine parfaitement libérale, mais avec un style bien à lui, qu'Alain prend la défense du consommateur/contribuable pressuré par les prodigues producteurs/ingénieurs d'État conseillant des élus aux poches percées. Et comment ne pas penser ici à la célèbre formule de Frédéric Bastiat sur « Ce qu'on voit et ce qu'on ne voit pas » ? En effet, à ceux qui disent que les grands travaux créent des emplois, il est facile de rétorquer que ces grands travaux ont *aussi* tué des emplois : ceux qui auraient été créés grâce à un autre usage que les gens auraient pu faire — volontairement — de l'argent affecté — autoritairement — par les pouvoirs publics aux grands travaux de leur choix. En d'autres termes, pour faire vivre les fabricants de ponts (ou de ronds-points), on sacrifie les marchands de chaussures ou les vendeurs de livres, dont les produits ne trouveront pas preneurs, puisque le pouvoir d'achat nécessaire à leur consommation, a été redirigé autoritairement vers les ouvrages d'art, dont l'utilité a été décrétée d'en haut. Comment, là encore, ne pas penser à une foule d'exemples ; comme les lignes de TGV (de plus en plus nombreuses et de moins en moins rentables) ; le *Concorde* (bijou supersonique sorti de brillants cerveaux d'ingénieurs, tout à leurs prouesses technologiques mais assez peu soucieux de rentabilité) ; sans oublier l'épidémie de ronds-points dont notre pays a le grotesque record en Europe (sous l'impulsion conjuguée — la

---

[1] Voir par exemple : Ludwig von Mises, *L'Action humaine*, Paris, PUF, 1985, IVᵉ partie, chapitre XV/4 : « La souveraineté des consommateurs ».

connivence ? — des élus locaux et des entreprises de travaux publics). On pourrait citer également nos centrales nucléaires — autre record français, ô combien plus problématique. En effet, après avoir construit un parc de centrales totalement surdimensionné, les pouvoirs publics ont bien dû leur trouver un débouché. C'est pourquoi, les ministres conseillés par un hyperactif corps des Mines ont décidé de développer le « tout-électrique », au point que la France détient désormais le record européen en termes de pourcentage de personnes se chauffant à l'électricité[1] !

Si cette frénésie a atteint son apogée aux riches heures de la technocratie gaulliste triomphante, elle a des racines bien plus anciennes, et on comprend aisément pourquoi Alain revient fréquemment sur cette idée, qui lui vaudra la réputation tenace — et typiquement « gauloise » — d'être un bon porte-parole du contribuable grincheux. Ainsi, le 18 juin 1907, l'auteur des propos reprend le combat contre le lobby des ingénieurs d'État par ces mots : « Et il me paraît évident, quand je vois ces taupinières élever partout leurs petits tas de terre remuée, que toute cette production de tunnels a été abandonnée aux inspirations des ingénieurs, intéressés, comme les vignerons, à produire le plus possible sans voir au-delà. Et je m'imagine que le bureaucrate et le législateur n'ont pas songé un seul moment qu'il pût y avoir trop de tunnels sous Paris. "Abondance de métro ne nuit pas", telle a été leur maxime ; absolument de la même manière qu'ils avaient dit, après le phylloxéra "abondance de vin ne nuit pas" (…) ».

---

[1] On ne saurait trop conseiller à ce propos cet excellent documentaire, qui en dit long sur le rôle des « hommes de l'État » dans la mise en œuvre — en dehors de tout débat réellement démocratique — du « modèle » nucléaire français : https://www.youtube.com/watch?v=DefFjxeDVpI

Bien sûr, si la répartition des lignes de métro est discutable, son utilité globale ne fait guère de doute, et il ne saurait être mis sur le même plan que ces « éléphants blancs » dont les hommes de l'État ont pu être les promoteurs et dont l'énumération — qui pourrait se prolonger à l'infini ou presque — a donné naissance à un véritable genre littéraire.

La défense du libre-échange.

Mais le libéralisme économique d'Alain ne se mesure pas seulement à sa dénonciation des gaspillages éhontés de l'argent public. Il implique également chez lui une critique plus générale des effets néfastes de l'interventionnisme, comme on le voit par exemple dans sa défense du libre-échange, qui là encore place Alain du côté des libéraux les plus cohérents — a fortiori à une époque où le protectionnisme méliniste domine une large partie de la classe politique française, y compris chez les radicaux. C'est ainsi que l'on peut lire dans un propos du 2 août 1906 : « Lorsque le législateur se met en tête de protéger l'industrie nationale, alors commence pour le consommateur l'ère des privations physiques et des satisfactions morales. D'abord, les douanes barrent la route aux produits étrangers, qui seraient moins chers et meilleurs que les produits nationaux. Le consommateur se console en dégustant, par les yeux, l'étiquette aux couleurs nationales ; ces choses-là nourrissent l'âme. Les producteurs nationaux se faisaient concurrence ; c'était à qui fabriquerait le mieux, et au meilleur marché ; mais bientôt ils comprennent les bienfaits de l'union ; ils s'entendent donc pour fabriquer moins bien et vendre plus cher. Ici le consommateur grogne, parce que les satisfactions morales lui manquent ; et c'est une période difficile pour le protectionnisme. Mais le prudent législateur, en même temps qu'il aperçoit le mal, aperçoit le remède : payer des primes à l'exportation, de façon que le producteur national trouve encore du bénéfice à vendre à vil prix à l'étranger ce qu'il vend très cher à ses compatriotes. Et voilà les produits nationaux vendus et achetés dans tout l'univers ; et voilà les statisticiens qui notent un excédent de l'exportation sur l'importation. Il n'en fallait pas plus au noble consommateur, pour le consoler de tous ses maux. Il se dit qu'il appartient à une grande nation (...). Pendant ce temps, il y a de l'autre côté de la frontière des consommateurs qui vivent à très bon compte, et se félicitent de l'invasion des produits étrangers. Mais ce sont des âmes molles, qui préfèrent le plaisir à la gloire. »

Un tel propos, tout empli d'une ironie mordante, aurait pu être écrit par Bastiat[1]. « L'ère des privations physiques et des satisfactions morales »... C'est bien la verve du libre-échangiste Bastiat que l'on croit retrouver dans cette dénonciation des mensonges d'une politique protectionniste qui, derrière une rhétorique bien huilée de l'intérêt national et/ou général, ne fait que déshabiller Pierre (le consommateur) pour habiller Paul (le producteur), le tout enrobé de flonflons patriotiques qui laissent de marbre le pacifiste Alain, comme elle laisse de marbre tous les libéraux authentiques qui savent qu'une nation est composée d'individus et que ce qui sert les intérêts des uns ne sert pas forcément ceux des autres. Derrière un court texte comme celui-ci (dont on pourrait trouver maints autres exemples dans les quelques cinq mille Propos rédigés par Alain entre 1906 et 1933) [2], ce qui est dénoncé,

---

[1] La critique du protectionnisme, souvent mordante et savoureuse, est un des thèmes favoris des écrits de Bastiat, comme on s'en rend notamment compte à la lecture de ses *Sophismes économiques* et de ses *Pamphlets*, republiés récemment aux Belles Lettres.

[2] Alain a écrit 3083 Propos quotidiens entre 1906 et 1914 (et des Propos hebdomadaires entre 1903 et 1906). Après la guerre il publiera dans des

c'est tout un système de connivence entre les hommes de l'État et certains industriels qui ont l'heur de disposer des relais adéquats au sein de l'establishment politico-administratif, tout ceci aux dépens du consommateur-contribuable qui trinque comme toujours. De même que le capitalisme de connivence (qui, pour le coup, est aux antipodes d'un système authentiquement libéral) donne du travail à *certains* producteurs chargés de l'édification des « éléphants blancs » voulus par le pouvoir aux frais de *tous* les contribuables, il nourrit *certains* producteurs politiquement protégés aux dépens de *l'ensemble* des consommateurs qui n'en peuvent mais. Avec, cerise sur le gâteau, un discours visant à culpabiliser les défenseurs de la liberté au nom de l'intérêt supérieur de la Patrie — confondu ici avec une balance commerciale à qui l'on veut faire dire ce qu'elle ne peut dire. Là encore, sans prétendre se faire économiste, Alain applique à cette question du libre-échange un bon sens que l'on croirait tout droit sorti d'un texte de Bastiat[1] et de son fameux « Ce qu'on voit » (en l'occurrence une balance commerciale positive et des producteurs nationaux faisant des profits) et « Ce qu'on ne voit pas » (des consommateurs spoliés par cette connivence politico-patronale qui est la négation même d'un libéralisme digne de ce nom).

Il serait toutefois erroné de penser qu'Alain, lorsqu'il parle d'économie, se fait le simple porte-parole — grincheux — du consommateur-contribuable qu'est *aussi* le citoyen. Son libéralisme s'enracine en effet beaucoup plus profondément dans une philosophie morale et sociale qui n'est pas sans rappeler certains des auteurs libéraux les plus connus, à

revues diverses environ 1800 autres Propos. Je remercie Pierre Heudier pour ces précisions.

[1] Même si, là encore, Alain ne cite jamais Bastiat et ne l'a peut-être jamais lu.

commencer par le plus célèbre d'entre eux, à savoir Adam Smith.

La main invisible alinienne

Mais comme souvent chez Alain (on vient de le voir pour Bastiat), les idées qu'il développe peuvent être très proches de celles d'un auteur sans que pour autant le nom de ce dernier n'apparaisse, pour la simple et bonne raison qu'il ne fait pas partie de ses lectures favorites (on sait en effet qu'Alain relisait indéfiniment un tout petit nombre de grands auteurs dont il se nourrissait sans cesse, en en faisant du reste une lecture souvent très personnelle)[1].

C'est sans doute dans le propos paru le 11 août 1909 que la parenté entre la pensée alinienne et la pensée smithienne est la plus évidente, au point que le philosophe français, à la prose toujours fleurie, semble y esquisser sa propre parabole de la célèbre « main invisible ». La scène se déroule sur le quai d'une gare : « Cet employé n'aime pas mes malles, mais il aime le pourboire. Tout à l'heure vous verrez tous ces gens très civilisés prendre les wagons d'assaut, occuper les meilleures places et boucher les portières. Voyez cet homme qui court du guichet à la consigne. C'est sans doute un homme doux et pacifique. Voyez pourtant comme ses talons frappent la terre, et comme il se précipite en buffle, le front en

---

[1] Aux premiers rangs desquels Homère et Balzac chez les écrivains ; Platon, Descartes et Auguste Comte chez les philosophes. Aucun économiste ne figure dans son Panthéon des auteurs auxquels il n'a cessé de rendre hommage tout au long de sa vie, faisant d'ailleurs de l'admiration une des vertus cardinales de tout bon lecteur et de tout bon penseur. Ce qui est d'autant plus remarquable qu'Alain a par ailleurs érigé la pensée critique en principe absolu (« penser, c'est dire non », selon sa formule bien connue).

avant. Croyez-vous qu'il pense à l'ordre public, à la justice, aux règlements ? Pas le moins du monde ; il fait son trou dans la foule ; il cherche son bien, sa malle, sa place. Et ma foi, venez ; j'en vais faire autant ». Et Alain d'ajouter : « C'est pourtant vrai, me disais-je, que, sur toute la terre, chacun marche tête baissée vers son plaisir ; ce sont tous ces obstinés désirs qui tissent, hissent, traînent, poussent. Et il faut bien que cela s'arrange en une espèce d'ordre, comme lorsque l'on secoue le blé dans le van ; le grain va ici, la balle s'envole plus loin[1]. Ainsi se tassent les foules, réalisant ainsi une espèce de bien général, auquel pourtant personne ne pense. Ce sont les coups de coude qui nous instruisent, me dis-je, au moment où j'étais attaqué par un chariot à bagages. »

Il est bien difficile, en lisant ces lignes, de ne pas penser à ce célébrissime passage de *La Richesse des Nations* d'Adam Smith[2] : « Ce n'est pas de la bienveillance du boucher, du

---

[1] Ce n'est pas un hasard si, pour illustrer son propos, Alain emprunte ici une image qui relève de l'univers rural. Force est de constater que l'une des principales limites de la pensée économique alinienne est sa difficulté à penser le monde industriel moderne et sa tendance à idéaliser un monde rural composé de petits propriétaires terriens, de petits ateliers, de petits commerces, etc. Non pas qu'il s'agisse là d'une exception parmi les penseurs libéraux (pensons à quelqu'un comme l'économiste allemand Wilhelm Röpke), mais il est certain que ce trait caractéristique de beaucoup de ses réflexions d'ordre économique n'a guère contribué à la diffusion de la pensée alinienne au XXᵉ siècle. Ceux qui lui reprocheront son anachronisme (un reproche qui à notre sens ne peut en aucun cas s'appliquer à sa pensée politique *dans son ensemble*) ne manqueront pas d'invoquer quelques exemples spectaculaires — voire à l'occasion un peu risibles — de son peu d'appétence pour la modernité (notamment matérielle) qui transformait à vive allure le monde dans lequel il vivait.

[2] Qu'Alain pouvait difficilement ignorer quand bien la lecture des économistes — a fortiori de langue anglaise — n'était certainement pas son pain quotidien. Il pouvait d'autant moins l'ignorer que son grand ami,

marchand de bière et du boulanger, que nous attendons notre dîner, mais bien du soin qu'ils apportent à leurs intérêts. Nous ne nous adressons pas à leur humanité, mais à leur égoïsme ; et ce n'est jamais de nos besoins que nous leur parlons, c'est toujours de leur avantage. » Qu'Alain ait pensé ou non à Adam Smith en écrivant ces lignes importe finalement assez peu. Ce qui est sûr, c'est qu'il aime à opposer les apparents égoïstes aux altruistes de façade, dont les discours sirupeux, saturés de références à l'intérêt général, masquent en réalité des intentions autrement moins avouables. Pour Alain en effet, il ne suffit pas d'invoquer à tout instant l'intérêt général ou d'afficher ostensiblement une abnégation bêlante pour servir réellement son prochain. Ce sont même là, la plupart du temps, des ruses trop faciles destinées à légitimer les puissants, si habiles à cacher leurs desseins véritables. Derrière l'invocation grandiloquente de l'intérêt général, se devine en effet « neuf fois sur dix, quelque intérêt particulier » (12/12/1911). Autrement dit, lorsque certains politiciens en manque de popularité disent vouloir, au nom de l'intérêt général[1], lutter contre les intérêts particuliers que seraient supposés incarner les (méprisables) milieux économiques, il convient d'être on ne peut plus prudent — ne serait-ce que parce que, pour Alain, toutes les élites sont liées les unes aux autres, et que les politiques et les grands capitaines d'industries sont intimement mêlés, fréquentant les mêmes salons et se mariant même entre eux... Qui plus est, il n'y a aucune raison de penser que l'*homo politicus*, tout comme l'*homo œconomicus*, ne poursuit pas un intérêt qui lui est propre (être élu ou réélu par exemple). Il n'y a aucune raison

l'historien libéral Élie Halévy, était, lui, un éminent connaisseur de la littérature économique anglo-saxonne.

[1] Nous reviendrons en détail sur cette question dans la troisième partie de cette étude, « Démocratie libérale ou libéralisme démocratique ? »

non plus de penser que les représentants de la haute administration (l'*homo bureaucraticus*), si prompts eux aussi à s'orner
du manteau chamarré de l'intérêt général, n'ont pas, à leur
tour, des objectifs beaucoup moins altruistes et avouables
(augmenter leur prestige ou leur budget par exemple). On ne
peut que renvoyer ici aux travaux s'inspirant de l'école du
Public Choice qui ont abondamment développé cette idée.
Pour Alain, dont la bureaucratie est une des cibles favorites,
cette critique sans complaisance de l'ordre administratif est
consubstantielle à son libéralisme. Nous y reviendrons.

Pour autant, tout ce que nous venons de voir ne veut pas
dire que pour l'auteur des *Propos* tous les actes individuels
sont uniquement motivés par l'intérêt. Malheureusement
non ! serais-je tenté d'ajouter. En effet, à ses yeux, ce serait
paradoxalement là une excellente nouvelle, dans la mesure
où les intérêts transigent, à l'inverse des passions[1]. Or, pour
le plus grand malheur des hommes, ce sont bien trop souvent ces dernières qui dictent les actions des individus. Des
individus qui sont des êtres composés d'un esprit (qui peut
être calculateur), mais aussi d'un corps (qui se meut plus
spontanément sous l'impulsion du ventre que sur les instruc-
tions du cerveau)[2]. Les guerres sont là pour en témoigner,

---

[1] Pour une approche historique des rapports entre intérêts et passions,
nous renvoyons le lecteur à l'ouvrage tout à fait passionnant d'Albert
Hirschman, *Les passions et les intérêts : justifications politiques du capitalisme avant
son apogée*, Paris, PUF, 2001, coll. « Quadrige » (rééd.)

[2] Il existe chez Alain une vision des rapports entre (parties du) corps et
« esprit » qui doit beaucoup à Platon. Et à tous ceux qui pourraient penser
qu'il s'agit là, une fois de plus, de l'un de ces pittoresques anachronismes
aliniens, nous ne saurions trop conseiller le documentaire suivant :
http://future.arte.tv/fr/le-ventre-notre-deuxieme-cerveau-0. Toute personne qui a déjà ouvert un livre de Platon a fait l'expérience extraordinaire
de l'actualité jamais démentie de cette pensée intemporelle, mais les progrès de la science concernant cette partie du corps humain qu'est le ventre
ne fait que renforcer ce sentiment…

qui aux yeux d'Alain sont affaire de passions bien plus que d'intérêts. Contrairement à ce qu'avance la vulgate marxiste, qui veut y voir le résultat des calculs amoraux des « marchands de canons », plutôt que de s'intéresser aux réactions quasi instinctives des opinions publiques qui jouent le plus souvent un rôle décisif au moins dans le déclenchement des conflits (ou, en tous les cas, dans le fait que ce déclenchement puisse être seulement envisageable par les dirigeants qui sont alors aux commandes).

Ce qui nous conduit à un autre thème, absolument central dans le libéralisme d'Alain : à savoir que le véritable pouvoir est politique et non économique.

Le vrai pouvoir n'est pas économique, il est politique.

Il s'agit là en effet d'un thème tout à fait majeur dans la pensée d'Alain, et qui est particulièrement bien résumé dans deux textes écrits à une vingtaine d'années de distance. Les deux méritent d'être cités un peu longuement, même s'ils sont relativement connus. Le premier est extrait de *Mars ou la Guerre jugée*, un livre rédigé pour l'essentiel en 1916, dans les tranchées, et remanié après-guerre afin d'être publié. Ce livre, comme chacun le sait, est moins une dénonciation de la guerre en elle-même que de l'ordre militaire — l'ordre servile par excellence — qui se déploie dans toute sa nudité et toute sa cruauté à l'occasion de n'importe quel conflit, mais tout particulièrement à la faveur d'un conflit *total* comme le fut la Grande guerre. Dans cet extrait tiré du chapitre LXXVIII (intitulé « L'individualisme »), on peut lire ces phrases profondes et lumineuses : « Qu'est donc le pouvoir du plus riche des riches à côté du pouvoir d'un capitaine ? Le genre d'esclavage qui résulte de la pauvreté laisse toujours la disposition de soi, le pouvoir de changer de maître, de discuter, de refuser le travail. Bref la tyrannie ploutocratique est un

monstre abstrait, qui menace doctrinalement, non réellement. Le plus riche des hommes ne peut rien sur moi, si je
sais travailler ; et même le plus maladroit des manœuvres
garde le pouvoir royal d'aller, de venir, de dormir. C'est seulement sur la bourgeoisie que s'exerce le pouvoir du riche,
autant que le bourgeois veut lui-même s'enrichir ou vivre en
riche. Le pouvoir proprement dit me paraît bien distinct de la
richesse ; et justement l'ordre de guerre a fait apparaître le
pouvoir tout nu, qui n'admet ni discussion, ni refus, ni co-
lère, qui place l'homme entre l'obéissance immédiate et la
mort immédiate ; sous cette forme extrême, et purifiée de
tout mélange, j'ai reconnu et j'essaie de faire voir aux autres
le pouvoir tel qu'il est toujours, et qui est la fin de tout ambi-
tieux. Quelque pouvoir qu'ait Harpagon par ses richesses, on
peut se moquer d'Harpagon. Un milliardaire me ferait rire s'il
voulait me gouverner ; je puis choisir le pain sec et la liberté.
Disons donc que le pouvoir, dans le sens réel du mot, est
essentiellement militaire, et qu'il ne se montre jamais qu'en
des sociétés armées, dominées par la peur et par la haine, et
fanatiquement groupées autour des chefs dont elles attendent le salut ou la victoire. Même dans l'état de paix, ce qui
reste de pouvoir, j'entends absolu, majestueux, sacré, dépend
toujours d'un tel état de terreur et de fureur. Résister à la
guerre et résister aux pouvoirs, c'est le même effort. Voilà
une raison de plus d'aimer la liberté d'abord[1]. »

On a, avec ce court extrait, un bel exemple du génie
d'Alain. Celui-ci dit en effet, en quelques lignes à peine, bien
davantage que ne le font des livres entiers consacrés au
même sujet, et cette extraordinaire concision (cette extraordinaire densité) peut parfois induire en erreur le lecteur trop
pressé. De fait, chacun des mots employés ici par Alain méri-

---

[1] Alain, *Mars ou la guerre* jugée, Paris, Gallimard, 1936, Chapitre LXXVIII,
« L'individualisme ».

terait d'être analysé et médité pendant des heures, car comme celle des plus grands (les Montaigne ou les Pascal), la prose alinienne est inépuisable et suscite encore et encore la réflexion, même à la énième relecture. L'auteur de cette étude se permettra, à ce propos, une petite confidence. Dans un propos daté du 18 février 1912, Alain écrit : « Un paradoxe de Pascal, en trois lignes, décrit sa parabole par-dessus deux siècles et tombe comme un obus sur nos échafaudages d'idées ». Pour ma part, de nombreux textes d'Alain ont eu exactement le même effet sur moi, et ce texte-ci tout particulièrement. Je ne peux en effet pas le relire (pour la centaine ou cent cinquantième fois) sans être aussitôt plongé dans des abîmes d'admiration (comment peut-on dire autant de choses en si peu de mots ?) ; de réflexions (comment peut-on écrire autant de niaiseries sur le pouvoir de l'argent après avoir lu ça ?) ; et de doutes (tout ce que je croyais solidement établi sur le pouvoir ou la richesse résiste-t-il *vraiment* à cet obus ravageur, par delà le siècle qui nous sépare de son lancement ?)

Mais revenons à la prose d'Alain, à qui il vaut toujours mieux donner la parole plutôt que d'en faire une longue exégèse, vouée de toute manière à être bien décevante comparée à l'original. C'est bien la même idée que celle exprimée dans *Mars ou la guerre jugée* — une idée essentiellement libérale, comme nous le montrerons — que l'on retrouve sous sa plume le 9 septembre 1933, à l'occasion d'un long propos où l'on peut lire ces phrases, elles aussi riches de sens : « (...) Pendant les vingt ans où j'ai suivi les événements de ma petite ville, j'ai vu s'écrouler toutes les fortunes de banquiers et de marchands ; on vendait aux enchères leurs meubles, leurs vins et leurs chevaux ; chacun en rapportait quelque chose ; chacun trouvait dans les ruines de l'ambitieuse tour une pierre pour sa maison. Quant à la redistribution des terres, qu'on dit souvent nécessaire, je vois qu'elle est déjà faite dans la partie de campagne que j'ai pu observer ; elle s'est faite par l'ambition des gros propriétaires et par le travail des petits. On peut lire cette révolution permanente dans *Les Paysans*, de Balzac, œuvre qui n'a pas beaucoup vieilli. (...) En bref je soupçonne que l'Économique toute seule est juste, et que c'est la Politique qui n'est pas juste. Tout pouvoir est politique. Un grand patron n'a pas de pouvoir ; il négocie péniblement ; ou bien alors c'est que la garde mobile travaille pour lui ; la garde mobile, instrument politique. Qu'est-ce que peut un patron à côté d'un moutard qui est sous-lieutenant ? Vous pouvez vous moquer du patron ; il vous en coûtera quelque chose, mais non pas tout de suite ; et non pas sans remède. Essayez de vous moquer du petit sous-lieutenant, c'est la prison et la mort. (...) »

On pourrait faire une très longue exégèse de ces deux textes si riches et si denses, mais je m'en tiendrai ici à quelques remarques. D'abord, je constaterai que plusieurs des affirmations présentes dans ces lignes peuvent être considérées comme *typiquement libérales*. Ainsi, lorsqu'Alain dit que le capitaliste n'a pas de réel pouvoir dans la mesure où ses mesures de rétorsion à l'égard de ses employés sont très faibles (tout au plus peut-il les renvoyer), et qu'elles sont même parfaitement nulles à l'égard de ses clients (qui, contrairement à un monopole public, ne forment pas un public captif). Dans un régime de concurrence, le consommateur peut en effet aisément se détourner des produits d'un producteur. Celui-ci le sait du reste parfaitement, et il doit donc constamment se mettre au service de ses clients s'il veut les fidéliser et ainsi continuer à faire des profits. Dès lors, la richesse du capitaine d'industrie — sur laquelle se fonde ce que d'aucuns appelleront de façon quelque peu outrancière sa « puissance » — est entièrement à la merci d'un caprice du consommateur qui peut à tout moment se tourner vers la concurrence s'il juge qu'elle le sert mieux (en lui offrant un produit moins cher et/ou de meilleure qualité).

Il s'agit là, une fois encore, d'un thème cher à de très nombreux libéraux. Pour ces derniers en effet, seul un pouvoir *politique* peut imposer par la *contrainte* ce qu'il désire[1]. À ce propos, on peut citer, parmi beaucoup d'autres exemples, quelques lignes de Ludwig von Mises (c'est là, en effet, une idée sur laquelle l'économiste autrichien revient très souvent). Ces lignes sont tirées de *L'Action humaine*, un livre considéré à bon droit comme la « Bible » de l'économie autrichienne : « La direction de toutes les affaires économiques est, dans la société de marché, une tâche des entrepreneurs. À eux revient le contrôle de la production. Ils sont à la barre et pilotent le navire. Un observateur superficiel croirait qu'ils sont souverains. Mais ils ne le sont pas. Ils sont tenus d'obéir inconditionnellement aux ordres du capitaine. Le capitaine, c'est le consommateur. Ce ne sont ni les entrepreneurs, ni les agriculteurs, ni les capitalistes qui définissent ce qui doit être produit. C'est le consommateur. Si un homme d'affaires n'obéit pas strictement aux ordres du public tels qu'ils lui sont transmis par la structure des prix de marché, il subit des pertes, il fait faillite et il est ainsi écarté de sa place éminente à la barre. D'autres que lui, ayant fait mieux pour satisfaire la demande des consommateurs, le remplacent. Les consommateurs fréquentent les magasins où ils peuvent acheter ce qu'ils veulent aux meilleurs prix. Leurs achats ou leur abstention décident de qui doit posséder et diriger les ateliers et les fermes. Ils enrichissent les pauvres et appauvrissent les riches[2]. »

---

[1] Le seul contexte où un producteur pourrait imposer son pouvoir au consommateur, c'est lorsque le premier jouit d'un monopole sur un marché. Mais pour les libéraux les plus affirmés, les seuls vrais monopoles sont publics, autrement dit, ils ne sont rien d'autre que le résultat d'une protection due au pouvoir politique, c'est-à-dire imposée par la force de la loi ou de la règlementation.

[2] Ludwig von Mises, *L'Action humaine. Op. cit.*, p. 285.

Mises, comme Alain, considère que dans un système capitaliste, non seulement le pauvre peut devenir riche (si l'égalité des chances est assurée de manière adéquate), mais le riche peut redevenir pauvre s'il ne fait pas ce qu'il faut pour continuer à satisfaire son maître qu'est le consommateur. Il est d'ailleurs intéressant de noter combien la sociologie française, prompte à lancer des recherches sur les « inégalités sociales » et leur reproduction, est beaucoup plus avare d'études sur les cas de régression (par opposition à ascension) sociale : fortunes dilapidées, entreprises ayant fait faillite, descendants de familles aisées jouissant d'un statut social inférieur à celui de leurs aïeux, etc. Il est bien vrai qu'en France l'ascenseur social fonctionne moins bien que dans des pays plus libéraux comme les États-Unis, et ceci est valable dans les deux sens. En effet, s'il est plus difficile (mais pas impossible) de faire fortune en partant de rien ou presque, il est aussi plus rare d'être déclassé lorsqu'on a la chance d'appartenir à l'élite — tant celle-ci est habile lorsqu'il s'agit de fermer la porte derrière elle et de dresser des barrières assurant à ses descendants une solide protection (par exemple scolaire) face aux nouveaux arrivants qui frappent avec impatience à la porte[1].

Si, pour Alain, comme on vient de le voir, le capitaliste peut perdre de sa superbe en faisant de mauvaises affaires, il a surtout beaucoup moins de pouvoirs qu'on ne pourrait le penser. À la différence des militaires — mêmes de rang modeste — qui, en temps de guerre, ont droit de vie et de mort sur leurs hommes. Ainsi, le sous-officier qui pendant la Grande Guerre décide lequel de ses hommes devra, au risque

---

[1] Si une telle intuition mériterait certainement d'être étayée sur des études concrètes et dûment référencées, je suis prêt à parier que ces dernières n'invalideraient guère l'idée générale avancée ici… Mais où sont les Pinçon-Charlot qui s'attelleront à cette tâche ? Il est vrai que de tels travaux seraient plus difficiles à « vendre » aux médias *mainstream*…

de sa vie, sortir la nuit pour effectuer un repérage dans le *no man's land* qui les sépare des tranchées adverses, a *de facto* droit de vie et de mort sur ses subordonnés. En d'autres termes, le même homme qui, dans l'ordre économique, n'avait guère de prise sur ses subordonnés en tant que patron, peut découvrir à la guerre, comme officier, l'ivresse du *vrai* pouvoir. Non pas celui de licencier (pourquoi d'ailleurs un patron intelligent, connaissant bien son métier, aurait-il le *désir* de se séparer d'un salarié qui fait bien son travail ?), mais le pouvoir de décréter le droit de vie et de mort, ou encore le pouvoir d'humilier l'autre, même symboliquement, en le réduisant à l'état d'esclave sans que ce dernier n'ait le moindre recours ou la moindre échappatoire. On retrouve cette idée — bien plus profonde qu'il n'y paraît — tout au long de *Mars ou la guerre jugée* qui, nous l'avons dit, est une dénonciation virulente de l'ordre militaire avant même d'être une condamnation de la guerre.

Autre idée corollaire (et très importante chez Alain) : dans l'ordre économique, le riche reste finalement l'égal du pauvre, en ceci que le riche peut (re)devenir pauvre et le pauvre devenir riche. Il n'y a aucune différence *de nature* entre eux. Alain juge que le marché — qui a pourtant de nos jours si mauvaise presse en France — a une dimension foncièrement égalitaire[1]. Sur un marché en effet, deux personnes munies du même nombre de pièces ou de billets, auront exactement le même pouvoir (d'achat), quels que soient leur religion, leur couleur de peau, leurs opinions politiques, leur milieu d'origine, et même leur richesse globale. Bien sûr, dans la réalité, les personnes ont rarement le même nombre de pièces et de billets, sauf à tomber dans l'égalité des conditions que seuls les socialistes réclament. Mais répétons

---

[1] Voir notamment le chapitre « Marchands » (chapitre V du livre VII) du livre d'Alain, *Les idées et les âges*, paru en 1927.

que dans une société libérale — où aucun statut social n'est jamais acquis — rien n'interdit à celui qui a peu d'argent d'en gagner davantage, et rien ne devrait interdire non plus à celui qui en a beaucoup de le perdre s'il perd son utilité sociale dans un monde fondé sur la division du travail et l'échange volontaire de services. Cette dimension fondamentalement égalitaire du marché (à savoir que deux possesseurs de la même somme sont à égalité, quelle que soit leur origine) est trop souvent négligée, alors même qu'elle constitue historiquement une rupture absolument majeure. En effet, cette égalité dont est intrinsèquement porteur l'ordre du marché représente l'antithèse de l'ordre « traditionnel » (par exemple féodal), foncièrement antilibéral, où la caste nobiliaire pense avoir une supériorité *de naissance* par rapport aux castes inférieures, les non-nobles (les « ignobles ») — quand bien même ceux-ci seraient immensément plus intelligents, travailleurs, et même riches, que ceux qui leur sont considérés comme supérieurs de naissance. On retrouve là une opposition entre ce que l'anthropologue Louis Dumont appelle « l'ordre hiérarchique » (et dont la caste indienne est la quintessence) et le « monde individualiste et égalitaire » dans lequel l'Occident vit depuis plusieurs siècles[1]. Or, chez Alain, le pouvoir militaire — qui est la quintessence du pouvoir ou, pour dire les choses autrement, le pouvoir dans toute sa nudité et toute sa cruauté — s'enracine dans l'ordre traditionnel, foncièrement inégalitaire. À l'inverse, la société libérale moderne, quand bien même elle recèle en son sein d'énormes inégalités de revenus, est foncièrement égalitaire, qu'on le veuille ou non. Ou du moins elle devrait l'être si elle

---

[1] Sur ces questions, nous renvoyons aux livres — majeurs — de Louis Dumont : *Homo hierarchicus : essai sur le système des castes* ; *Homo aequalis*, I, *Genèse et épanouissement de l'idéologie économique* ; *Homo aequalis*, II, *L'idéologie allemande : France-Allemagne et retour* ; *Essais sur l'individualisme : une perspective anthropologique sur l'idéologie moderne*.

était expurgée de certaines séquelles du passé... Et, ajouterait quelqu'un comme Mises, si elle était *purement* libérale !

Nous pourrions poursuivre indéfiniment l'exégèse de ces textes, mais nous voudrions terminer cette première partie en soulignant combien ces deux extraits montrent que si Alain est incontestablement libéral, il est tout le contraire d'un anarchiste. Pour lui en effet, l'ordre de l'agent de police au carrefour est parfaitement compatible avec l'exercice de la liberté individuelle. Mieux, il en est le garant ! Pour Alain, il ne s'agit pas là d'un pouvoir qui imposerait une volonté arbitraire, mais bien plutôt de l'exercice d'une fonction vitale (et pour ainsi dire arbitrale) qui vise à faire respecter des règles parfaitement indispensables à la vie en commun et à la sauvegarde des libertés individuelles[1]. En un sens, l'agent de police au carrefour — comme le juge dans un état de droit ou le producteur dans un système capitaliste fondé sur la souveraineté du consommateur — n'exerce pas vraiment un pouvoir (autrement dit, il n'impose pas une volonté de puissance). En faisant respecter un ordre de passage qui empêche tout le monde de passer en même temps ou les plus forts d'écraser les plus faibles pour avoir la priorité, il accomplit une fonction sociale modeste mais éminente (un authentique « service public »), en rendant cet inestimable service à la collectivité, qui consiste à faire respecter des règles sans lesquelles le simple fonctionnement de la société et l'exercice par chacun de sa liberté deviendraient tout bonnement impossibles. Ce qui n'a strictement rien à voir avec le pouvoir politique ou le pouvoir militaire en temps de guerre qui peuvent user, eux, de la contrainte pour

---

[1] Un Mises ne dirait d'ailleurs pas autre chose, à la différence des anarcho-capitalistes et autres libertariens, disciples de Rothbard par exemple.

imposer leur pure volonté. Mais nous reviendrons sur cette question essentielle.

II.

Un libéralisme de l'individu : Alain et la tradition du libéralisme contre l'État

Défendre l'individu contre l'État mais aussi contre la société

Si Alain ne se revendique jamais comme libéral, il n'hésite pas en revanche à proclamer *ubi et orbi* son attachement viscéral à l'individu, et même à l'individualisme (« L'individualisme nous sauvera », écrit-il ainsi dans un propos). Et s'il s'est toujours vu et affirmé comme un homme de gauche, il n'est pas sans intérêt de souligner que c'est bien l'individualisme qui l'oppose fondamentalement aux socialistes, avec lesquels il entretient une relation extrêmement complexe, faite de complicité (ils appartiennent à « sa » famille politique, et le républicain radical Alain considère qu'il ne saurait y avoir d' « ennemi » à gauche) et de critique, parfois féroce (l'auteur des *Propos* reproche fondamentalement au socialisme collectiviste son côté autoritaire qui lui fait dire que « l'Importance[1] » y joue un rôle incompatible avec son propre individualisme foncier). Dans un propos publié le 24 avril 1911, Alain écrit ainsi : « Si les socialistes organisaient la cité, elle serait injuste aussitôt ; tout pourrirait sans le sel Radical, sans l'individu qui refuse de bêler selon le ton et la mesure. L'individu qui pense, contre la société qui dort, voilà

---

[1] Les « Importants » jouent un rôle fondamental dans la sociologie et la politique d'Alain. Ils représentent les dominants qui, dans toutes les sphères de la société et du pouvoir, veulent imposer leur volonté aux dominés. Toute l'œuvre d'Alain peut être lue comme un combat contre « l'Importance » et les « Importants ».

l'histoire éternelle ; et le printemps a toujours le même hiver à vaincre ».

Pour Alain en effet, il ne saurait y avoir de pensée (comme il ne saurait y avoir de volonté, on l'a vu) qu'individuelle. Selon l'une de ses formules les plus célèbres, « penser, c'est dire non ». Traduisons : dire non aux pseudo-pensées collectives (qui ne sont rien d'autre que des *passions*[1] collectives, ce qui est très différent), aux préjugés, aux clichés, aux idées reçues, aux doxa, aux topiques, aux poncifs, aux superstitions, etc. D'où, chez ce démocrate fervent qu'est Alain, une profonde méfiance envers les foules, dans la mesure où celles-ci ne pensent pas mais bêlent à l'unisson — contrairement au citoyen libre penseur, affranchi de tout dogme et de toute Église. Le citoyen libre est en effet celui qui met son bulletin de vote *individuel* dans une urne, après s'être isolé et avoir mûrement réfléchi à l'enjeu de son vote, dans un quant-à-soi qui n'exclut pas la fraternité mais qui s'avère être aux antipodes des effusions collectives de toute nature. Tandis que la foule, elle, est bien incapable de produire la moindre pensée groupale — notion qui relève du pur non-sens pour Alain, qui, ce faisant, est à des années lumières des futures « foules en fusion » de la *Critique de la raison dialectique* sartrienne. La foule braille, vocifère, éructe, prend d'assaut ou encore lynche, mais elle ne pense pas. Seul l'individu — répétons-le — pense, et donc seul il peut exercer un authentique libre-arbitre, sans lequel l'idée même de citoyen disparaît. Alain va ainsi jusqu'à écrire le 22 juin 1929 : « Les malheurs de l'histoire sont des mouvements de foule. Si la foule menait la politique, nous aurions la guerre sans fin. »

Mais la valorisation de l'individu par opposition à un collectif perçu comme liberticide n'est pas seulement une

---

[1] Alain se défie des passions qui conduisent le plus souvent l'homme à sa perte.

question de caractère de la part d'un homme qui aime à répéter que depuis son enfance il a toujours été viscérale- ment rétif aux mors — autrement dit aux ordres et autres embrigadements de toute nature. Plus fondamentalement, l'individualisme foncier d'Alain s'enracine dans une vision très précise, et assez originale pour son époque, des origines de la société. Contrairement à certains théoriciens — y com- pris libéraux — du contrat social, l'auteur du *Citoyen contre les Pouvoirs* ne pense pas que la société soit née de l'union d'individus isolés qui auraient décidé rationnellement de rompre avec leur existence égoïste et autarcique pour fonder une communauté[1]. « Il faut donc renoncer, écrit-il le 26 décembre 1911, à cette légende idéologique de l'homme qui, par science et raison, arrive à former des sociétés et à res- pecter des lois. Plus il est ignorant, au contraire, plus il vit dans la société, comme un brin de bruyère dans une touffe. » À rebours de bien des visions idylliques de l'état de nature, Alain considère que pour cet animal social qu'est immanqua- blement l'être humain[2], les ordres sociaux primitifs ont été historiquement beaucoup plus contraignants et liberticides que les sociétés modernes.

S'appuyant sur une ethnographie encore balbutiante, Alain écrit par exemple le 17 avril 1911 que « les sociologues ont prouvé que les hommes primitifs, autant qu'on peut savoir, forment des sociétés avec des castes, des coutumes, des lois, des règlements, des rites, des formalités qui tiennent les in- dividus dans un rigoureux esclavage ; esclavage accepté, bien mieux, religieusement adoré ; mais c'est encore trop peu dire : l'individu ne se pense pas lui-même ; il ne se sépare

---

[1] À dire vrai, beaucoup des théoriciens sus-évoqués reconnaissent vo- lontiers qu'il s'agit là d'une simple fiction (ou opération de pensée) qui ne prétend nullement rendre compte de la réalité *historique*.

[2] On ne trouvera aucune « Robinsonade » chez cet individualiste fervent.

nullement, ni en pensée ni en action, du groupe social, auquel il est lié comme mon bras est lié à mon corps. » C'est là une idée qui lui tient à cœur puisque huit mois plus tard, le 26 décembre 1911, il y revient, s'appuyant sur « une abondance de livres » qui ont permis, écrit-il, de « renverser l'histoire imaginaire des Primitifs, si souvent contée ». Et Alain de poursuivre : « Nous avons tous lu de ces imaginations, où l'on voit le Primitif isolé et libre dans la nature, sans droits et sans devoirs, sans vertus, sans vices, sans Diables et sans Dieux. Mais l'observation des sauvages conduit à des conclusions tout à fait autres. On pourrait dire qu'ils diffèrent surtout de nous en ce qu'ils sont accablés de devoirs et de cérémonies ; et non point par des tyrans extérieurs qui les tromperaient afin de les conduire ; mais par eux-mêmes, par une foi sans examen. Selon les fonctions et les castes, mille interdictions compliquent la vie ; on rencontre des "tabous" à chaque pas et à chaque mouvement ; défense de passer ; défense de toucher ; défense de manger et de boire après un chef ; défense de chanter sur tel mode ou d'user de tel mot ; avec cela des tombeaux partout. Et chaque jour leur crée des devoirs nouveaux ; ils sont enchaînés par les hommes vivants, par les animaux, par les morts, par les éléments, par toute la nature. Leur vie se passe dans les scrupules et dans les cérémonies. (…) De là des devoirs prodigieusement compliqués, et ces cérémonies exténuantes, selon les saisons, selon les événements, avant la guerre, avant la chasse. »

Si les sociétés primitives sont aussi oppressives pour l'individu, ou pour dire les choses autrement, si elles sont aussi foncièrement holistes, c'est qu'il y a à cela une raison profonde. Pour Alain en effet, la société est le résultat naturel d'un besoin impérieux propre à tout individu : le sommeil. Dans un monde où les rapports entre êtres humains sont d'abord fondés sur les passions et s'avèrent donc naturellement violents, la peur et le besoin d'être protégé sont ultimement les sentiments fondateurs du lien social et de la division du travail. C'est pourquoi l'état de nature où l'homme aurait vécu isolé et heureux, relève à ses yeux du pur et simple mythe. Alain écrit ainsi le 17 avril 1911 : « Un penseur a dit : "Comme la bruyère a toujours été lande, l'homme a toujours été société". Cela fait comprendre la puissance de la religion et des instincts sociaux ; mais aussi que la société la plus fortement nouée repousse de toutes ses forces tout ce qui ressemble à la science, à l'invention, à la conquête des forces, à tout ce qui a assuré la domination de l'homme sur la planète. »

On le voit : Alain est incontestablement et éminemment un penseur individualiste, aux antipodes des doctrines holistes, comme on en trouvera tant au XXᵉ siècle, de la sociologie[1] durkheimienne (de ses disciples plutôt que de Durkheim lui-même, du reste) aux structuralistes des années 1960. Pour l'inventeur des *Propos*, comme pour beaucoup de libéraux, le progrès se situe bien du côté de l'individu et non du côté de la collectivité. À ses yeux en effet, « le moteur du progrès a dû être dans quelque révolte de l'individu, dans quelque libre penseur qui fut sans doute brûlé. Or la société est toujours puissante et toujours aveugle. Elle produit toujours la guerre, l'esclavage, la superstition, par son mécanisme propre. Et c'est toujours dans l'individu que l'Humanité se retrouve, toujours dans la Société que la barbarie se retrouve. » C'est là un credo sur lequel Alain revient sans cesse et sur lequel il n'a jamais varié : ce n'est pas seulement l'État (c'est-à-dire le pouvoir politique ou militaire) qui représente une menace pour la liberté individuelle ; mais c'est aussi la Société, qu'Alain appelle parfois le « Gros Animal ».

---

[1] Dans un propos du 17 avril 1911, on peut ainsi lire : « L'individualisme, qui est le fond du radicalisme, est attaqué de tous les côtés. Monarchistes et socialistes le méprisent, et les sociologues aussi, au nom d'une science impartiale. »

La collectivité, le groupe — depuis la famille jusqu'à la nation, en passant par la petite ville de province ou le parti et l'Église — peuvent être oppressifs et liberticides. Ils peuvent écraser de tout leur poids les minorités, et tout particulièrement la plus petite d'entre elles : l'individu.

De ce point de vue, pour Alain les guerres et les religions ont un point commun. Elles soudent les individus de manière si forte (ou fusionnelle) qu'elles tendent à écraser leur individualité et à nier leur singularité. Le poète qui sommeille en lui est toujours extrêmement attentif aux étymologies, dans lesquelles il décerne immanquablement une signification profonde. Or Alain n'est pas sans savoir que le mot religion vient du latin « religare », qui veut dire « relier ». Si ce terme désigne positivement les liens qui unissent une communauté autour d'une croyance (la communauté des croyants, c'est-à-dire « l'Église » au sens premier du terme), il peut tout aussi bien renvoyer à la dimension strictement holiste de cette communauté, qui fait passer le Tout avant les parties, et peut dès lors constituer une menace vitale pour la liberté individuelle. Le lien devient alors chaîne, entrave, bride, joug, licol. D'où l'image du « Gros animal » qu'Alain — enfant de la campagne et fils de vétérinaire — emploie volontiers pour désigner cette dimension menaçante de tout groupe et de toute Société, de la famille à la nation, en passant par le parti, l'Église ou la secte. De même que le *Léviathan* (autre image, rendue célèbre par Hobbes et qu'Alain affectionne) symbolise le Pouvoir (politico-militaire) qui écrase l'individu de sa puissance aveugle, le « Gros animal » incarne la force d'une société englobante, qui peut exercer sur ses membres une pression si forte qu'elle remet en cause leur propre autonomie, voire les anéantir d'un simple coup de griffe ou de patte (pensons à la foule qui lynche).

C'est tout cela qui explique qu'Alain puisse écrire par exemple, le 26 mars 1911 : « Chacun se doit à son pays. Ou mieux, chacun se doit à ses semblables (...). L'égoïsme, comme on dit, est laid. Mais ce mot d'égoïsme est bien obscur et donne lieu à des méprises. Pour donner quelque chose de valable (...), il faut d'abord être soi. (...) obéir, c'est penser aux autres, mais si la pensée obéit, c'est alors qu'on pensera très mal aux autres. Je vois que l'on se fait une idée confuse des devoirs de société. On voudrait (...) un grand bêlement de moutons. Un conformisme (...). Et toute société est église en cela. On aimerait des citoyens bien dociles, et qui prendraient le ton pour bêler avec les autres. Ainsi chacun s'oublierait soi-même. (...) Les partis sont des églises. (...) C'est pourquoi il faut savoir aimer les différences et les oppositions. »

Comme souvent, le poète Alain dit beaucoup de choses en très peu de mots, et il use d'un vocabulaire imagé qui peut dérouter des lecteurs plus habitués aux énonciations prosaïques des austères traités de science politique. Difficulté supplémentaire : pour bien comprendre Alain, il faut avoir beaucoup lu Alain[1] — faute de quoi on se laisse aisément tromper par l'apparente simplicité d'une phrase, qui peut passer au premier abord pour une banalité. Or, rien n'est jamais simple ni banal chez un penseur de la trempe d'Alain, qui, chaque jour de sa vie, a fréquenté quelques-uns des plus grands auteurs du patrimoine mondial de la littérature et de la philosophie (de Homère à Balzac en passant par Platon, Hegel, Descartes, etc.). Si un lecteur pressé juge tel de ses propos simpliste ou commun, c'est selon toute vraisemblance qu'il ne l'a pas réellement compris. Pour en revenir aux quelques lignes précédentes d'Alain — que nous avons

---

[1] C'est une remarque très juste que faisait l'un des meilleurs spécialistes d'Alain, Georges Pascal. Pour qui désire avoir un aperçu général et pénétrant de la pensée alinienne, le meilleur ouvrage de synthèse est certainement : Georges Pascal, *La Pensée d'Alain*, Paris, Bordas, 1957 (3 e ed.)

extraites d'un propos et très partiellement citées ci-dessus —, leur *apparente* simplicité ne doit pas masquer qu'elles ont le mérite de mettre en relation divers éléments qui, dans l'esprit d'Alain, sont très intimement liés et font système. Il s'agit donc de bien les associer si l'on veut restituer sa pensée dans toute sa complexité. Pour l'auteur des *Propos* en effet, une Société, un Parti, une Église, une Communauté, bref une collectivité de quelque nature qu'elle soit, constituent un ordre holiste, où le Tout l'emporte inévitablement sur les parties, et où les parties — c'est-à-dire l'individu — risquent à tout moment d'être broyées ou englouties par le Tout. Broyées par la force (comme avec le Léviathan que constitue une armée en campagne ou encore une tyrannie hors de contrôle parce que fondée sur la force pure), ou tout simplement noyées dans un conformisme moins douloureux mais plus insidieux. Il ne fait pas bon en effet être une minorité, et ce dans quelque collectivité que ce soit. On peut parfois y risquer sa vie (pensons aux minorités religieuses dans certains pays et/ou à certaines époques), ou simplement — si l'on ose dire — son droit au bonheur (pensons à ces jeunes homosexuels qui, même aujourd'hui dans un pays aussi tolérant que le nôtre, doivent affronter un rejet social qui va parfois jusqu'à les exclure de leur propre famille)[1].

Dans tous les cas, c'est bien l'individu qui est sacrifié, dans sa singularité et dans son autonomie. L'individu qui, ré-pétons-le, est aux yeux d'Alain la source de tout progrès, puisque c'est à son échelle (et à elle seule) que se loge la pensée, et donc la liberté. Alain est ici l'héritier direct des

---

[1] Louis-Georges Tin, fondateur de la *Journée Mondiale Contre l'Homophobie et la Transphobie*, fait très justement remarquer que cette forme d'exclusion ou de discrimination, sans être plus grave que les autres, a ceci de particulier que ceux qui en sont victimes sont parfois rejetés jusque dans leur propre famille, et se retrouvent dès lors totalement isolés, n'ayant même pas cette communauté minimale qu'est la famille pour se réfugier.

Lumières : pour lui, comme pour ses prédécesseurs du XVIIIe siècle, la liberté est fondée sur la Raison qui réside dans l'individu — et dans lui seul. Là où ça parle il n'y a plus d'homme, disait-on naguère. Là où ça bêle (ou là où ça marche en cadence), il n'y a plus d'homme dirait Alain. Et encore moins de citoyen[1]. Il n'y a plus dès lors qu'un troupeau ou, pire encore, un champ de bruyère. L'homme tribal chute ainsi au rang de bête et même de végétal ! Seul l'individu pense (ce qui ne veut pas dire qu'il pense seul !) ; donc seul l'individu est libre ; donc seul l'individu est proprement humain. Tel est le fond de l'individualisme d'Alain. Un individualisme qui est l'essence même de son libéralisme.

Alain et la tradition française du libéralisme
de l'individu face à l'État.

Ce libéralisme éminemment individualiste d'Alain, tel que nous venons de le décrire, s'inscrit en réalité dans un courant du libéralisme français qui est très riche par le nombre de ses auteurs et par l'ampleur intellectuelle d'un grand nombre d'entre eux (outre Alain lui-même, on pense tout de suite à une figure comme celle de Benjamin Constant, dont l'importance ne saurait être niée, même par les adversaires les plus résolus des idées libérales), mais qui est pourtant resté largement minoritaire dans notre pays. Y compris au sein de la mouvance libérale elle-même, dominée au XIXe siècle par des courants conservateurs et étatistes, comme celui des doctrinaires ou encore celui du catholicisme libéral — deux cou-

---

[1] Nous renvoyons ici à son fameux texte rédigé en 1901 dans le cadre d'une Conférence populaire : Alain, « Le Culte de la Raison comme fondement de la République », *Revue de Métaphysique et de Morale*, janvier 1901, p. 111-118.

rants relevant de ce « libéralisme par l'État » ou « libéral-éta-
tisme », magistralement étudié par Lucien Jaume dans son
maître-livre, paru en 1997, *L'individu effacé ou le paradoxe du*
libéralisme français. Aujourd'hui, force est de reconnaître que le
libéralisme de l'individu, foncièrement méfiant envers l'État,
et dont Alain constitue l'un des plus éminents représentants,
représente un courant de pensée quasiment oublié, ou en
tous les cas fortement marginalisé, tout au moins en France
(les choses sont assez différentes aux États-Unis, comme
nous aurons l'occasion de le redire). Ce phénomène de marginalisation idéologique — parfaitement regrettable à nos
yeux — n'enlève du reste rien à l'intérêt qu'il représente pour
l'historien des idées, ni à la pertinence de la plupart de ses
thèses, y compris pour le citoyen de 2015. La mission que
s'est fixée l'institut Coppet consiste d'ailleurs à œuvrer à la
redécouverte de ce libéralisme-là dans son propre pays, dans
une perspective aussi bien académique (c'est tout particulièrement le cas du pôle Recherche au sein de l'institut) que
politique (au sens le plus noble du terme).

Ce libéralisme de l'individu se définit — et se singularise
— à travers deux critères qui nous paraissent tout à fait fondamentaux (et intimement liés l'un à l'autre) : d'une part une
vision critique de la toute-puissance de l'État (que, selon les époques, celle-ci soit réelle ou partiellement fantasmée est une
toute autre question) ; et d'autre part, une *défense intransigeante*
de la souveraineté de l'individu. Riche d'œuvres nombreuses et
diverses, ce que nous pourrions tout aussi bien qualifier de
« libéralisme de l'individu » que de « libéralisme anti-étatiste »
offre une large palette d'auteurs (appartenant à divers
champs de la connaissance, de l'économie au droit, en passant par l'histoire et la philosophie, sans oublier la littérature
ou le simple essayisme politique) : Germaine de Staël (1766-
1817) ; Jean-Baptiste Say (1767-1832) ; Benjamin Constant
(1767-1830) ; Charles Dunoyer (1768-1862) ; Charles Comte
(1782-1837) ; Frédéric Bastiat (1801-1850) ; Gilbert Guillau-

min (1801-1864) ; Charles Coquelin (1802-1852) ; Ambroise Clément (1805-1886) ; Michel Chevalier (1806-1887) ; Louis Wolowski (1810-1876) ; Édouard Laboulaye (1811-1833) ; Joseph Garnier (1813-1881) ; Jean-Gustave Courcelle-Seneuil (1813-1892) ; Gustave de Molinari (1819-1912) ; Henri Baudrillart (1821-1892) ; Paul Leroy-Beaulieu (1843-1916) ; Yves Guyot (1843-1928). Précisons que cette liste est loin d'être close et qu'elle pourrait au contraire être substantiellement allongée.

D'aucuns trouveront bien entendu qu'il s'agit là d'un inventaire à la Prévert, et que mettre côte-à-côte des auteurs aussi différents n'a guère de sens, tant les différences entre eux semblent au premier abord l'emporter sur leurs points communs. Sans nier ces différences (parfois majeures en effet)[1], il nous semble néanmoins que tous ces auteurs ont, à un degré plus ou moins prononcé, développé un libéralisme de l'individu qui s'articulait étroitement avec une critique de l'État, jugé comme potentiellement tentaculaire et par conséquent liberticide. Bien que certains des auteurs de cette liste aient des positions aux antipodes de celles d'Alain sur des sujets parfois majeurs, ils nous paraissent partager avec l'auteur du *Citoyen contre les Pouvoirs* un même souci de dé-

---

[1] Il ne faut en effet pas cacher que des différences majeures existent entre les auteurs retenus — et même parfois sur des questions fondamentales. Entre Benjamin Constant ou Alain d'un côté, et Frédéric Bastiat ou Gustave de Molinari de l'autre, un écart considérable existe, notamment dans la conception qu'ils ont de la liberté économique. Des différences sensibles existent aussi concernant leurs centres d'intérêt. Pourtant, il nous semble que séparer « libéralisme politique » et « libéralisme économique », comme on le fait communément en France, est un choix arbitraire ou tout au moins artificiel. C'est ainsi que Benjamin Constant et Alain ont écrit sur l'économie des textes qui méritent d'être étudiés de près, même si bien entendu ces préoccupations restent chez eux moins centrales que pour certains auteurs évoqués ci-dessus, qui sont économistes de profession.

fendre l'individu contre les empiétements croissants de l'État-Léviathan ou contre les divers holismes liberticides que recèle toute forme d'ordre social. Ajoutons que sur le plan strictement politique, tous ces auteurs ont en commun d'être difficilement classables sur un axe gauche-droite. C'est d'ailleurs là une de leurs caractéristiques majeures : cette difficulté à se retrouver dans une partition du champ politique — si prégnante depuis la Révolution française — reflète leur hétérodoxie profonde, et contribue par-là même à leur marginalité. Pour l'historien, elle n'en est pas moins un puissant révélateur de leur originalité et, ce faisant, un moyen de mieux mettre en valeur certaines idiosyncrasies françaises.

Bien sûr, tous ces auteurs, aux appartenances disciplinaires variées[1] et aux générations différentes[2], dessinent une mouvance qui n'a rien d'un mouvement structuré. En ce sens, il convient sans doute mieux de parler de « nébuleuse » que d' « école » ou de « courant » — et a fortiori de « parti ». Reste qu'à nos yeux, cette « nébuleuse » n'en est pas moins très clairement identifiable. Il est en effet assez facile d'utiliser les deux critères qui nous permettent de rattacher un auteur à notre famille de pensée : à savoir, le rapport critique à l'État et la promotion d'un libéralisme de l'individu, assumé comme tel (ce dernier point est important). Qui plus est, l'appartenance des différents auteurs susmentionnés à ce courant d'un libéralisme de l'individu contre l'État (ou au moins face à l'État) est encore plus manifeste lorsque l'on confronte leurs écrits à d'autres courants de pensée, pour le coup bien identi-

---

[1] Certains sont philosophes, d'autres économistes, d'autres encore des essayistes généralistes.

[2] Si l'on s'en tient à un large XIXe, on peut en distinguer trois : une première qui a produit l'essentiel de ses œuvres durant l'Empire et la Restauration ; une deuxième qui va de la IInde République au tout début de la IIIème ; et enfin une troisième qui correspond à la France de la « Belle époque ».

fiés et depuis longtemps par les politologues et les historiens de la pensée. Je veux bien sûr parler du conservatisme, du traditionalisme, du socialisme, du catholicisme libéral ou encore du libéralisme doctrinaire, c'est-à-dire ce « libéralisme par l'État » analysé il y a une vingtaine d'années par Lucien Jaume. Ce que ce dernier a admirablement montré dans son livre *L'individu effacé* pour le courant majoritaire du libéralisme français — un libéralisme *par l'État* —, doit être fait (et c'est bien ce à quoi s'emploie activement l'institut Coppet) pour le courant minoritaire du libéralisme français — que nous avons choisi de baptiser : libéralisme *de l'individu contre l'État*. Un courant qui, à nos yeux, a beaucoup à nous apprendre, y compris sur le monde d'aujourd'hui, et dont nous répétons qu'Alain nous paraît être l'un des plus éminents représentants. Un des plus originaux certes, mais aussi des plus profonds.

Au-delà de la redécouverte de l'œuvre politique d'Alain (dont l'actualité nous paraît chaque jour davantage plus évidente), l'histoire plus générale de ce courant minoritaire du libéralisme français — lui-même minoritaire dans notre pays, on l'aura compris — nous paraît être urgente et d'un immense intérêt, et ce pour plusieurs raisons. La première est que certains de ces penseurs libéraux, marginalisés voire oubliés en France, conservent aujourd'hui une influence considérable dans certains pays, anglo-saxons pour l'essentiel (nous pensons par exemple à des penseurs comme Benjamin Constant ou Frédéric Bastiat). Une autre raison rendant urgente et indispensable leur redécouverte par le public français, est que certains des libéraux concernés ont développé une œuvre qui, à bien des égards, peut apparaître comme pionnière, en ce qu'elle annonce par bien des aspects des courants majeurs des sciences sociales développées au XXe siècle. Nous pensons ici aussi bien à l'école autrichienne d'économie (fondée par Carl Menger et dont Ludwig von Mises et Friedrich von Hayek furent les plus éminents représentants au siècle dernier), qu'à l'école américaine du *Public Choice*, ou « théorie du choix public ». Fondée dans les années 1960 par James Buchanan et Gordon Tullock, cette dernière vise à étudier la politique comme un marché, c'est-à-dire comme un échange de services, passible (si j'ose dire) des mêmes outils d'analyse et de critique que le marché économique. Sans oublier enfin l'anarcho-capitalisme, inconnu en France mais bien présent outre-atlantique, où le mouvement libertarien est un acteur incontournable du débat intellectuel et même politique[1]. Ce n'est pas un hasard si quelqu'un comme Murray N. Rothbard tenait en très haute estime l'école française du *laissez-faire* du XIXe siècle et des auteurs comme Bastiat et Molinari. Mais il est vrai, que l'on est ici dans une frange libertarienne radicale, bien différente du libéralisme démocratique d'Alain…

Pour conclure la deuxième partie de cette étude consacrée d'abord et avant tout à ce dernier, nous voudrions néanmoins dire que l'intérêt peut-être le plus évident qu'il y a à étudier plus largement ce libéralisme de l'individu dans lequel nous incluons l'inventeur des *Propos*, c'est que ce courant resté minoritaire permet de lire « en creux » notre histoire politique et intellectuelle nationale. En effet, la redécouverte de ces penseurs de l'individu permet de mieux comprendre l'allergie manifeste de la France envers une certaine forme de libéralisme. Une allergie qui constitue à l'évidence une forme d'idiosyncrasie nationale et qui est lourde de conséquences sur notre présent. En effet, qu'on s'en réjouisse ou qu'on le déplore (c'est bien entendu notre cas), le rapport très problématique des Français au libéralisme a des répercussions ma-

---

[1] Une fois n'est pas coutume, nous disposons sur le sujet, en français, de deux excellentes synthèses, dues à Sébastien Caré : *La pensée libertarienne : genèse, fondements et horizons d'une utopie libérale*, Paris, PUF, 2009 ; *Les libertariens aux Etats-Unis : sociologie d'un mouvement asocial*, Rennes, PUR, 2010.

jeures sur notre manière d'appréhender la mondialisation actuelle. En retraçant minutieusement l'histoire d'un courant libéral très vivace, quoique marginalisé, on pourra mieux saisir les obstacles que celui-ci a pu rencontrer et qui expliquent son incapacité à s'imposer comme un puissant courant de pensée politique à même de peser sur le débat et sur les politiques menées par les gouvernements français. Ce faisant, on éclairera certains blocages idéologiques à l'œuvre dans notre pays, blocages qui sont de plus en plus manifestes et handicapants, à l'heure où la redéfinition profonde des missions et des limites de l'État est à l'ordre du jour partout dans le monde. Et parmi tous ces libéraux de l'individu que nous avons cités, le plus intéressant, le plus pénétrant et le plus actuel — à égalité avec Benjamin Constant — est bien Alain, sur le libéralisme duquel nous avons encore beaucoup à dire.

III.

Démocratie libérale ou libéralisme démocratique ?

Une conception libérale de l'intérêt général.

Le libéralisme d'Alain, que nous nous attachons à décrire tout au long de ce livre, et dont nous avons déjà montré la dimension économique et foncièrement individualiste, est également inséparable d'une conception de l'intérêt général qui s'avère assez éloignée de celle que l'on a coutume de mettre en avant en France, et qui ressemble bien davantage à celle que l'on peut trouver dans les pays anglo-saxons, où la philosophie utilitariste a longtemps été dominante, notamment chez les libéraux[1]. On distingue en effet traditionnellement deux grandes conceptions de l'intérêt général : une conception utilitariste et libérale, dite aussi « anglo-saxonne », et une conception volontariste, qualifiée également de « rousseauiste » ou de « française ». La première est l'héritière de la philosophie utilitariste née outre-Manche et considère que l'intérêt général « résulte de la conjonction des intérêts particuliers dont il n'est que la somme algébrique[2] » ; ce qui revient à « penser l'organisation de la vie sociale sur le modèle de l'activité économique, sans qu'il soit besoin de faire intervenir un pouvoir politique, régulateur des relations entre les

---

[1] Nous reprenons ici des analyses que nous avons développées plus longuement dans : Jérôme Perrier, « Le problème de l'intérêt général dans la pensée d'Alain : un utilitariste libéral au pays de Rousseau ? », *Revue française d'histoire des idées politiques*, n°41, 2ème semestre 2015, p. 231-260.

[2] Conseil d'État, *Rapport public 1999, L'intérêt général, Études et Documents*, n°59, p. 248-249. Sauf mention contraire, les citations suivantes sont tirées de ce rapport, qui fournit une précieuse synthèse sur ce sujet.

individus. » À l'inverse, dans la conception dite « française », l'intérêt général « ne saurait être obtenu, ni les liens sociaux subsister, sans que l'intérêt personnel ne s'efface devant la loi, expression de la volonté générale, et sans que l'État ne régule la société civile pour garantir la réalisation des fins sur lesquelles cette volonté s'est prononcée. » En d'autres termes, l'approche utilitariste fait de l'intérêt général la somme des intérêts particuliers, obtenue par une harmonisation quasiment naturelle — ou qui suppose en tous les cas une intervention politique minimale — afin de ne pas fausser cette arithmétique des intérêts. À l'inverse, la conception « française » ou « rousseauiste » fait de l'intérêt général une notion transcendant les intérêts particuliers ; une abstraction qui les dépasse grâce à l'intervention — quasi miraculeuse[1] — de l'ordre politique basé sur la vertu citoyenne. Or, aussi paradoxal que cela puisse paraître, Alain qui se revendique souvent de Rousseau et ne cite presque jamais les utilitaristes anglo-saxons[2], est en réalité bien plus proche de ces derniers dans sa conception de l'intérêt général.

Alain considère pour commencer que, quelle que soit la question envisagée, il est quasiment impossible de vouloir définir de façon certaine et objective un intérêt général qui s'imposerait dès lors rationnellement à tous. Une société est un organisme bien trop complexe pour « qu'un homme puisse savoir comment se fait cet échange de services ; qu'il puisse décider que les choses vont bien ici et moins bien

---

[1] En ce sens que l'individu, qui dans l'ordre privé est mû par des motivations égoïstes, devrait en tant que citoyen, s'abstraire de ses intérêts pour chercher à atteindre le bien commun.

[2] Même si l'on peut penser que son ami Élie Halévy (auteur d'un livre fameux sur le sujet, *La Formation du radicalisme philosophique*) a dû le familiariser avec la philosophie utilitariste dont il est reconnu outre-Manche comme l'un des plus grands spécialistes.

là[1]. » Bien sûr Alain n'est pas Friedrich von Hayek, et il ne développe guère cette question pourtant décisive de l'impossibilité pour une autorité centralisée de maîtriser un flux illimité d'informations afin de prétendre gérer autoritairement une structure aussi complexe qu'une société moderne. Il n'en reste pas moins que l'auteur des *Propos* est convaincu qu'un mode de gouvernement à prétention scientifique s'avère être une pure chimère. « Qu'un homme puisse penser la Nation comme je pense un problème d'algèbre, voilà ce que je ne puis croire », estime-t-il. C'est ce qui explique qu'Alain considère comme de simples « sottises » tous les arguments avancés par les partisans de la Représentation proportionnelle, qui opposent « l'électeur qui ne voit que son petit coin et ses petites affaires, avec le véritable homme d'État au regard d'aigle, qui voit loin tout autour et jusque dans l'avenir, administrant pour nos petits neveux, pour toute la race, pour le pays tout entier[2]. » Les adversaires de la politique de clocher (autrement dit du scrutin d'arrondissement) veulent faire croire « qu'un homme instruit et fait pour gouverner doit se tenir en dehors et au-dessus de ces réclamations perpétuelles du boutiquier, du jardinier, du laboureur, petites gens qui n'ont rien vu, qui ne savent rien, qui n'ont appris ni l'Histoire, ni la Politique, ni l'Économique, ni la Statistique[3] ». Or, estime Alain, la différence entre « l'Homme d'État le plus prodigieux de tous les temps » et l'individu lambda, « au point de vue intellectuel, est extrêmement petite. » Mieux, « quand il s'agit de constater les effets d'une loi ou d'un règlement, l'épicier du coin, joint au jardinier, au laboureur, au boucher, au boulanger (…) a l'avantage sur l'économiste le plus profond. » Quant aux Grands Hommes

[1] *PN*, 12/12/1911.
[2] *PN*, 3/8/1912.
[3] *PN*, 3/8/1912.

d'État, l'Histoire est remplie de leurs erreurs — erreurs dont le peuple semble avoir pour destin de subir les conséquences. En effet, comme il l'écrira en 1924, « les erreurs incroyables des docteurs de politique[1] » emplissent les livres d'histoire, qu'elles aient pour nom dilapidation de l'argent public ou, pire encore, guerre.

Car l'impossibilité cognitive de déterminer de manière infaillible l'intérêt général se double chez Alain d'un soupçon bien plus inquiétant encore : celui de partialité. À ses yeux en effet, le gouvernant « agira selon d'autres passions que la passion du bien public, et selon d'autres intérêts que l'intérêt général[2]. » Autrement dit, derrière l'affirmation péremptoire de défense du bien commun, se cachent des motivations beaucoup moins avouables. Comme nous l'avons déjà vu, aux yeux de l'auteur du *Citoyen contre les Pouvoirs*, loin d'être plus sage que le peuple, l'élite est encore moins raisonnable que lui, car elle est « corrompue par le luxe et livrée à ses désirs[3] ». C'est pourquoi, plutôt que de chercher le bien de tous, elle s'emploiera toujours à accroître son propre pouvoir. On retrouve ici une critique largement développée par l'école du *Public Choice*. Celle-ci, on l'a dit, s'attache à expliquer le comportement des électeurs et des « hommes de l'État » (hommes politiques aussi bien que hauts fonctionnaires), en s'interrogeant sur leurs motivations, qui s'avèrent rarement désintéressées. Leurs travaux s'attachent en effet à démontrer que si l'*homo oeconomicus* peut à bon droit être soupçonné de chercher rationnellement à maximiser son profit (matériel et symbolique), l'*homo politicus* ou l'*homo bureaucraticus* peuvent tout aussi légitimement être soupçonnés de vouloir accroître le leur — c'est-à-dire de vouloir respec-

[1] *Propos* du 15/9/1924.
[2] *PN*, 12/12/1911.
[3] *PN*, 17/12/1910.

tivement se faire (ré)élire et de vouloir accroître leur budget et leurs prérogatives. Ce soupçon étendu de la sphère économique à la sphère publique, en vertu du principe que l'homme est un et qu'il n'y a aucune raison qu'il se comporte différemment dans une sphère et dans une autre, se trouve pour ainsi dire déjà chez Alain. C'est pourquoi chez ce dernier, le contrôle des gouvernants (hommes politiques et bureaucrates) est une nécessité absolue, qui définit l'essence même de la démocratie. Mais avant de revenir, dans le quatrième volet de cet article, sur ce point décisif, il convient d'examiner quelle peut être la nature de l'intérêt général — s'il ne peut être défini objectivement et verticalement.

Pour Alain, nous venons de le dire, il n'y a pas de méthode scientifique qui permettrait de définir abstraitement et rationnellement l'intérêt général. En effet, pour lui, « on ne devine pas l'intérêt général ; on le connaît par l'opinion publique[1] ». Loin de pouvoir être déterminé *a priori*, il « s'exprime par remontrances, vœux et revendications. » C'est d'ailleurs la raison pour laquelle les Philosophes (ou plus largement les Intellectuels) ne peuvent pas et ne doivent pas être Rois. « Les économistes et sociologues sont excellents pour nous instruire, médiocres pour nous gouverner », juge Alain. En effet, « l'intérêt général est pour eux une abstraction et le résultat d'une théorie ». Or, ajoute-t-il, je « crois que l'intérêt général réel ne peut être considéré autrement que comme la résultante des intérêts individuels manifestés par le vote. Le gouvernement n'a pas autre chose à faire que de suivre le mieux qu'il peut la direction de cette résultante. Tout ce qu'il ferait de plus serait tyrannie. Et si l'électeur se trompe sur son intérêt ? Cela, c'est son affaire[2]. » À ses yeux, la meilleure garantie pour limiter le risque d'erreur ne con-

[1] *PN*, 30/3/1911.
[2] *Propos du dimanche*, 11/9/1904.

siste pas à faire appel aux Compétences ou à une quelconque Science Politique. Elle consiste bien plutôt à interroger le plus grand nombre, qui a d'autant moins de chances de se tromper que les décisions qu'il sera amené à prendre (c'est-à-dire à obtenir de ses représentants) s'appliqueront à lui en tout premier lieu — là où l'élite peut s'exonérer si facilement des décisions qu'elle impose aux autres. « On dira que l'homme du peuple est ignorant, qu'il se trompe sur ses propres intérêts », écrit Alain, « mais combien de ministres, combien de rois, se sont trompés sur leurs propres intérêts ! Le nombre doit corriger ces erreurs. Une masse d'électeurs, où les erreurs individuelles se contrarient et se compensent, doit enfin donner quelque vue exacte de l'intérêt commun...[1] »

Alain, contrairement à certains libéraux, ne focalise pas sa critique sur la dérive clientéliste qui peut gangréner la démocratie lorsqu'elle dérive vers la démagogie, autrement dit, lorsque les élus cherchent d'abord et avant tout à nouer des relations de type clientéliste avec leurs électeurs, en leur octroyant un certain nombre de privilèges, en échange de leur vote. Non pas qu'il nie une telle pratique. Mais il considère bien plutôt que tant que ce sont les plus modestes qui s'adonnent à une telle pratique, et surtout tant que les demandes venues d'en bas s'équilibrent, il n'y a pas de danger réel pour la liberté des citoyens, qui reste sa préoccupation majeure. Ce en quoi il est parfaitement emblématique des auteurs libéraux.

Au fond, de même qu'il existe — nous l'avons vu — une sorte de main invisible qui transforme la recherche d'intérêts égoïstes en contribution au bien commun, par une mystérieuse alchimie, de même les innombrables votes qui constituent un scrutin démocratique doivent conduire au résultat qui est finalement le moins mauvais possible. Car pour Alain,

---

[1] *PN*, 30/3/1911.

une telle alchimie ne vient pas de ce qu'au moment de voter, l'électeur chercherait quel est l'intérêt de tous, en faisant scrupuleusement abstraction de ses propres intérêts personnels. C'est très exactement le contraire qui se passe ! Et ce pour le plus grand bien de tous. Si l'on suit par exemple *Les Cahiers de Lorient*, rédigés au tournant du siècle, Alain écrit : « Je hais la morale. Elle gâte tout. Ils veulent que le citoyen pense à l'intérêt général lorsqu'il vote ; et là est le malheur : il pense à l'intérêt général et il y pense mal ; n'importe qui y pense mal ; on vote pour des systèmes. Au contraire, je veux que le citoyen vote pour lui, exactement pour lui, pour son intérêt à lui tout seul ; pour son intérêt qu'il peut arriver à connaître à peu près bien ; son vote frotté à d'autres votes donnera une résultante, qui est l'intérêt général ; et aucune autre chose que cette résultante ne peut être appelée intérêt général (…)[1]. » C'est là un point sur lequel il ne variera pas, au risque de heurter l'un des préjugés les plus ancrés dans la philosophie politique française. Ainsi, par exemple, le 26 novembre 1909, dans *La Dépêche de Rouen et de Normandie*, réfléchissant une fois encore à la disposition qui doit être celle de l'électeur républicain au moment où il dépose son bulletin dans l'urne, Alain écrit : « Là-dessus, on alléguera l'intérêt général. Mais je réponds que l'intérêt général n'est qu'une fantaisie de doctrinaire, tant qu'il ne résulte pas de la combinaison de toutes ces réclamations que tous les citoyens ont le droit de faire entendre. Par exemple, on peut penser que le régime des bouilleurs de cru est contraire à l'intérêt général ; mais il faut pourtant que l'intérêt des bouilleurs de cru soit représenté. Ainsi pour tous les intérêts particuliers[2]. »

Une telle conception de l'intérêt général a de nombreuses répercussions sur les conceptions politiques d'Alain. Et

---

[1] Alain, *Les Cahiers de Lorient*, t. II, Paris, Gallimard, 1964, p. 104-105.
[2] *PN*, 26/11/1909.

d'abord, elle le conduit à critiquer sévèrement tous ceux qui essayent de légitimer leur pouvoir et d'imposer leurs propres intérêts particuliers en se parant des oripeaux de l'intérêt général. Je veux bien entendu parler ici des hommes politiques et, plus encore, des bureaucrates, qui sont deux des cibles privilégiées de la verve alinienne.

Une critique libérale et démocratique de la Bureaucratie.

La critique de la haute administration est en effet un thème récurrent dans l'œuvre d'Alain, et qui a un rapport très étroit avec son libéralisme, que nous essayons d'exposer ici dans ses multiples dimensions[1]. Pour l'auteur des *Propos*, la bureaucratie constitue tout d'abord l'un des principaux pouvoirs *de fait* (il les qualifie aussi de *réels*) dans la société. Le démocrate Alain considère en effet que celle-ci se compose inévitablement — quel que soit le régime politique en place — de gens qui commandent et d'autres qui obéissent. C'est évident de la société militaire, car il ne saurait y avoir de combat efficace sans une discipline rigoureuse, où les officiers décident et les hommes de troupe exécutent sans possibilité de contester les ordres, fussent-ils arbitraires[2]. Mais pour l'auteur du *Citoyen contre les Pouvoirs*, cette fatalité des

---

[1] Là encore, nous reprenons des éléments que nous avons exposés plus longuement dans : Jérôme Perrier, « Penser les rapports entre politique et haute administration à travers l'œuvre d'Alain et d'Henri Chardon. Le modèle républicain français du début du XXᵉ siècle, entre hantise bureaucratique et quête d'une aristocratie technicienne », *La Revue administrative*, n°398 et n° 399, mars-avril et mai-juin 2014.

[2] Comme on l'a vu, chez Alain la guerre est l'horizon indispensable de toute réflexion politique car elle met le pouvoir à nu, le porte à son paroxysme, et, par un effet de grossissement, permet d'en mesurer la véritable nature, fût-elle exacerbée.

rapports de commandement est tout aussi vraie dans la société civile, y compris dans une République, fût-elle radicale (c'est-à-dire authentiquement républicaine). Par ailleurs, Alain considère que les chefs — qu'ils soient militaires, hauts fonctionnaires, industriels, académiciens ou même hommes politiques — sont des « produits de nature[1] ». Autrement dit, leur pouvoir ne leur est pas *conféré* par la masse, mais il est bien plutôt *reconnu* par elle. Il est en effet le résultat d'un savoir-faire, d'un art de persuader, d'une habileté, d'une détermination ou d'un courage peu communs ; autant d'atouts personnels qui peuvent être opportunément étayés par un beau mariage ou des amitiés utiles. Autrement dit, les chefs doivent leur place dominante dans la société à une forme ou une autre de supériorité, même si celle-ci ne comporte, à ses yeux, aucune dimension morale (bien au contraire !) La masse, tour à tour, reconnaît, acclame, ou subit cette supériorité de fait, mais en aucun cas elle n'en est à l'origine. Même les élus doivent les succès de leur carrière à un certain nombre de talents, quand bien même ces derniers consisteraient uniquement à faire croire à leurs mandants qu'ils sont à leur entière écoute et au service de l'intérêt général. Reste qu'en les désignant, les électeurs ne font rien d'autre que de rendre hommage à ces talents, autrement dit à des aptitudes qui peuvent être innées ou acquises, mais qui n'en restent pas moins constatées par les citoyens lorsqu'ils apportent leur suffrage à tel ou tel individu en fonction de ce qu'ils pensent être leurs mérites personnels.

Dans le cas particulier des hauts fonctionnaires, ces hommes doivent d'abord leur position éminente à des compétences techniques qui ont été dûment sanctionnées par un

---

[1] Voir notamment *Propos sur les pouvoirs*, p. 226 (novembre 1931) et *Politique*, p. 37 (31/5/1914).

concours, souvent fort difficile[1]. Leur position de commandement est donc le résultat d'un processus de sélection méritocratique qui légitime à leurs yeux — comme à ceux du reste de la société — leur pouvoir de domination, y compris symbolique. À ce propos, il convient de remarquer que les jugements d'Alain sur la valeur réelle de ces compétences varient d'un Propos à l'autre. Tantôt, il les reconnaît volontiers, n'hésitant pas à écrire qu'il « est juste d'admirer les grands corps[2] ». Tantôt au contraire, il s'applique à les dénigrer, surnommant par exemple « Dindon-Collège » ce que serait une éventuelle « École Supérieure des Gouvernants[3] » — autrement dit d'une École Nationale d'Administration... Ailleurs, Alain estime qu'il « suffit de soumettre un problème aux spécialistes les plus réputés pour être sûr qu'il n'arrivera rien », car le métier des « Hommes Compétents » est « de ne juger jamais de rien avant de savoir tout[4] ». D'où une lenteur et une froideur administratives qui donnent à Alain de très nombreuses occasions de se moquer de la routine des bureaux. Il s'agit en effet là d'un thème récurrent chez lui, et

---

[1] Alain distingue soigneusement les membres des cabinets ministériels, qui appartiennent souvent à l'entourage du ministre, et l'administration permanente des hauts fonctionnaires (en particulier les directeurs d'administration), qui l'intéresse au tout premier chef car c'est elle, selon lui, qui détient l'essentiel du pouvoir bureaucratique. Voir notamment *Les Propos d'un normand de 1907*, 10/1/1907 et 16/5/1907. Si le rapport de force entre les hauts fonctionnaires permanents et les membres des cabinets ministériels s'est aujourd'hui inversé, c'est que ces derniers ont connu en France un développement considérable au XXe siècle (voir notamment René Rémond (dir.), *Quarante ans de cabinets ministériels : de Léon Blum à Georges Pompidou*, Paris, Presses de la FNSP, 1982). Au Royaume-Uni, en revanche, comme on le voit très bien dans *Yes Minister*, ce sont les *Permanent Secretaries* (incarnés dans la série par l'archétypique Sir Humphrey Appleby) qui sont la clé de voûte du *Civil Service*.

[2] *Politique*, p. 212 (octobre 1931).

[3] *Propos sur les pouvoirs*, p. 115 (6/10/1908).

[4] *Politique*, p. 79 (mars 1922).

qui contribue à justifier des jugements aussi peu amènes que celui-ci : « J'ai une assez mauvaise opinion des grands bureaucrates, et une très mauvaise des très grands[1] ».

Si l'auteur des Propos varie dans ses appréciations quant à la valeur intellectuelle réelle des grands bureaucrates, il est en revanche d'une remarquable constance lorsqu'il s'agit d'apprécier leur pouvoir effectif. Il juge en effet que celui-ci est considérable, et pour tout dire excessif. Évoquant notamment le rôle éminent des Grands Corps que sont le Conseil d'État, la Cour des Comptes et la Cour de Cassation, Alain constate ainsi en octobre 1912 que les « Compétences sont aux affaires[2] ». Dix ans plus tard, il observe que « partout, les chefs de service gouvernent » et que « nous vivons sous le règne des Experts et des Compétences ». L'auteur du *Citoyen contre les pouvoirs* voit même dans le « Monstre bureaucratique » le « véritable souverain[3] », une sorte de nouveau Léviathan qui usurperait la place du peuple et de ses représentants légitimes que sont censés être les élus. Ces derniers finissent dès lors par devenir quelque chose comme le « Roi Pot », réduit à prononcer des « discours du trône » dont les pensées ont été « élaborées par ses bureaux[4] ». C'est que, constate-t-il, « le ministre, plus que tout autre, dépend de ses directeurs[5] ». S'épuisant à arpenter les couloirs des Chambres lorsqu'il est à Paris, il ne reste guère de temps au pauvre homme pour lire les monceaux de dossiers qui, chaque jour, sont soumis à sa signature. « Semblable à un candidat au baccalauréat, (le ministre) a souvent besoin de répétitions de la dernière heure : elles lui sont données dans sa voiture,

---

[1] *PN*, 14/11/1911.
[2] *Propos sur les pouvoirs*, p. 136 (27/10/1910).
[3] *Politique*, p. 89 (septembre 1922).
[4] *Ibid.*, p. 164 (décembre 1928).
[5] *PN*, 19/3/1906.

pendant qu'il roule du Sénat à la Chambre[1] ». Or, seul le haut fonctionnaire — qui « sait tout[2] » — est à même, par la technicité de son expertise et la diversité de ses sources d'informations, de souffler ainsi à l'oreille des politiques ce qu'ils devront ensuite dire aux représentants du peuple. Et s'il venait à l'idée de quelque administration de vouloir discréditer un ministre (de toute façon, forcément de passage), il lui suffirait de faire de la rétention d'informations. Par ce simple biais, le bureaucrate s'assure sur son ministre une emprise considérable, qui inverse sensiblement les rapports de force entre eux.

En effet, au-delà des apparences du théâtre politique — qui, en plaçant l'élu sur le devant de la scène, en pleine lumière, ne parvient guère à masquer son statut de simple ventriloque — le pouvoir administratif tend à prendre le pas sur le pouvoir politique, en violation flagrante de la hiérarchie voulue par les canons de la théorie républicaine de la souveraineté nationale. Une inversion qu'Alain déplore dans son style toujours aussi imagé et suggestif : « C'est par ces travaux de termite rongeur que le patient bureaucrate se fait une place, et la conserve. C'est ainsi que, pendant que les projectiles passent au-dessus de sa tête, et abattent ses chefs, lui est estimé de tous, se pousse et pousse ses amis, et prend ses naïfs ennemis dans d'invisibles collets, comme le fait le braconnier pour les lapins[3]. » De cette situation, où les responsabilités de chacun se brouillent pour le plus grand bénéfice des bureaucrates, il résulte selon Alain « que le pouvoir des bureaux est, en apparence administratif, en réalité, tique[4]. » Et la verve de l'auteur des *Propos*, lorsqu'il dénonce

---

[1] *Ibid.*, 19/3/1906.
[2] *Ibid.*, 24/3/1906.
[3] *Ibid.*, 24/3/1906.
[4] *Ibid.*, 19/3/1906.

cette usurpation de pouvoir perpétrée par les bureaucrates dans une sorte de coup d'État permanent, n'est pas sans rappeler celle de l'excellente série humoristique britannique des années 1980 : *Yes Minister*. Sur un mode sarcastique et néanmoins instructif, cette sorte de *sitcom à thèse* avait remarquablement réussi à traduire dans un genre à la fois fictionnel et drolatique les très sérieux travaux de l'école du *Public Choice* (dont les scénaristes s'étaient ouvertement inspiré)[1]. Or, il est frappant de constater combien les personnages récurrents de cette série (à commencer par l'inénarrable Sir Humphrey Appleby) semblent tout droit sortis de l'univers des Bureaux décrit — ou plutôt dénoncé — par Alain.

Pour autant, à lire ce dernier, le pouvoir d'influence des hauts fonctionnaires ne vient pas uniquement des indéniables compétences techniques qui leur permettent de se rendre indispensables à des hommes politiques pour leur part incapables (faute de temps et de formation adéquate) de s'informer par eux-mêmes sur les innombrables questions qu'ils ont à traiter quotidiennement. La puissance des bureaucrates a aussi chez le radical Alain une très forte dimension sociale. Pour lui en effet, même après des décennies de régime républicain — censé pourtant avoir conduit au pouvoir les « couches nouvelles » chères à Gambetta —, la plupart des hauts fonctionnaires appartiennent encore à l'élite de la société, ou à tout le moins entretiennent des rapports très intimes avec les couches sociales les plus dominantes. Il y a, constate-t-il, « trois pouvoirs en France : le peuple, les riches et les bureaucrates[2] ». Si le peuple est théoriquement le Souverain, en réalité il n'est pas le maître, tant il est vrai que

---

[1]   Voir   http://www.institutcoppet.org/2015/09/21/lecole-du-public-choice-pour-les-nuls-yes-prime-minister-par-jerome-perrier

[2] *Ibid.*

« les riches forment, avec les plus puissants bureaucrates, militaires et civils, une société puissante, la Société avec un grand S[1] ». Soit un vaste système de connivence généralisée qu'Alain appelle encore le « Grand Conseil, formé de Messieurs décorés et de femmes décoratives[2] ». Et l'auteur du *Citoyen contre les Pouvoirs* ne se lasse pas de dénoncer cette collusion malsaine entre les différentes élites du pays[3], dont la haute fonction publique serait un point de jonction privilégié : « Telle est la force matérielle des bureaux. Il s'y joint une force morale bien plus redoutable encore et dont seuls les initiés peuvent se faire une idée exacte. Elle s'exprime par ces mots magiques : des Relations, une Situation. Ces mots ne sonnent pas pour vous comme pour moi. Vous vous imaginez que la Puissance et l'Esclavage d'un bureaucrate sont définis par un décret de nomination. Erreur. Il y a des dîners bureaucratiques, des thés bureaucratiques, des bals bureaucratiques, des mariages bureaucratiques. Ainsi se forment et s'entrelacent mille liens de cousinage, d'amitié, de politesse ; ainsi, dans les conversations, se dessine une Doctrine et se distribue une Éducation. Il y a un badinage bureaucratique, une esthétique, une morale, une politique bureaucratique. *Le Temps* et *Les Débats* représentent deux nuances politiques assez différentes. (...) ce n'est que la Gauche et la Droite du Parti Bureaucratique. Depuis la Critique Dramatique jusqu'à la Politique étrangère, tout y est discrètement administratif[4]. »

---

[1] *Ibid.*
[2] *Ibid.*
[3] Il y aurait une étude passionnante à faire sur la sociologie des élites chez Alain, qui ressemble étrangement à celle du sociologue américain Charles Wright Mills, telle qu'on la trouve développée notamment dans *L'Elite au pouvoir*, publié en 1956.
[4] *PN*, 22/3/1909.

Pour Alain, cette osmose — cette connivence, lourde de conflits d'intérêts potentiels comme on ne disait pas encore à l'époque — entre la tête de l'État et le sommet de la pyramide sociale est bien l'un des principaux dangers qui menacent la République, car ainsi « les riches ajoutent le pouvoir politique au pouvoir économique qu'ils ont déjà[1] ». Dès lors, il n'est guère étonnant pour lui que la caste administrative, imbue de ses bonnes manières plus encore que de son savoir technique, méprise ouvertement les hommes politiques, qui ne sont à ses yeux qu'une kyrielle d'obscurs sous-vétérinaires débarqués de leur province, aussi ignares que mal dégrossis — lorsqu'ils ne sont pas tout bonnement assimilés à des parvenus, paresseux et vénaux[2]. À leur incompétence concernant les éminentes questions qui se traitent dans la capitale, s'ajoute ainsi une méconnaissance absolue des usages qui règnent dans le grand monde. Comment par exemple un ancien instituteur ou médecin de campagne, dont le quotidien consiste à arpenter les marchés de sa circonscription, pourrait-il avoir son propre avis sur les questions régaliennes (c'est-à-dire sur la Grande Politique) ? À supposer qu'un ministre des Affaires étrangères issu d'un obscur canton rural ait quelques connaissances de géographie et sache situer sur une carte le pays d'origine des ambassadeurs qu'il reçoit, saurait-il pour autant tenir son rang parmi des diplomates qui, pour bon nombre d'entre eux, appartiennent aux plus grandes familles européennes, et sont aussi à l'aise dans un salon que lui l'est sur un marché aux bestiaux ?

Le savoir technique et l'origine sociale ne sont pourtant pas les seuls atouts dont disposent les hauts fonctionnaires pour s'imposer à leurs ministres de tutelle. Un dernier élément contribue largement à leur puissance ; à savoir leur

[1] *Propos sur les Pouvoirs*, p. 286 (6/12/1912).
[2] *Ibid.*, p. 81 (28/4/1910).

esprit de caste. N'importe « quel corps de bureaucrates cherche l'autonomie ; d'instinct ils se serrent en phalange, autour de leurs chefs naturels, contre le ministre, chef d'occasion. Résultat : si le ministre ne prend pas le parti de suivre les bureaux, et de les défendre intrépidement devant la Chambre, le ministre est insulté dans la bonne presse, démoli dans les cénacles bureaucratiques, et secrètement désavoué par ses collègues[1]. » Cette image de la phalange est utilisée à de nombreuses reprises par Alain[2]. Elle vise à dénoncer l'esprit de caste qui s'empare de la haute fonction publique dès lors qu'il s'agit pour celle-ci de faire corps contre un pouvoir politique qui aurait l'outrecuidance de prétendre serrer la bride à ses bureaux. Ce réflexe se manifeste tout particulièrement lorsque ces derniers cherchent à défendre leur budget et à arracher de nouveaux subsides à des hommes politiques tétanisés à l'idée de devoir rendre des comptes à leurs électeurs-contribuables. « Ministre contre Bureaux, c'est tout de suite réglé[3] », écrit Alain, pour mieux souligner à quel point le premier — dont la position est éminemment précaire tant l'instabilité gouvernementale est alors grande — se trouve démuni face à une administration unie comme un seul homme pour défendre ses intérêts, surtout s'ils sont financiers.

Une fois encore, on ne peut pas lire les innombrables satires d'Alain visant le du pouvoir bureaucratique, sans songer aux scènes inénarrables de *Yes Minister*, dans lesquelles Sir Humphrey Appleby, avec un aplomb, une rouerie et une faconde étourdissante, parvient à imposer ses volontés à « son » ministre, le pauvre Jim Hacker. Un ministre qui, à l'inverse, s'avère parfaitement incapable d'imposer à son

[1] *PN*, 6/12/1913.
[2] Voir par exemple *PN*, 22/3/1909.
[3] *Ibid.*

collaborateur rétif sa propre volonté, prononçant d'autant plus souvent le mot « décision » qu'il est en réalité totalement inapte à décider quoi que ce soit, dès lors que son administration ne partage pas ses vues. Les diatribes aliniennes envers la haute administration et ses pouvoirs excessifs, mériteraient aussi d'être comparées aux analyses que développe à la même époque Ludwig von Mises, notamment dans son petit mais incisif livre : *Bureaucratie*, paru en 1946[1]. L'économiste autrichien y développe notamment de manière pénétrante une analyse de l'*ethos* bureaucratique et de l'aisance avec laquelle celle-ci prétend s'arroger le monopole de l'intérêt général. Une usurpation qui, on l'a vu, se retrouve aussi chez Alain.

Pour autant, si ce dernier dénonce à longueur de *Propos* les dérives du « pouvoir bureaucratique[2] », et s'il assigne à la démocratie comme mission essentielle de le dompter par une étroite tutelle, il serait toutefois erroné de croire qu'Alain dénie au pouvoir administratif toute forme de légitimité. Tout au contraire, il en admet d'autant plus volontiers la nécessité qu'à l'époque qui est la sienne la multiplication des prérogatives de l'État rend l'art de gouverner de plus en plus difficile. Un peu de bon sens et quelques idées claires constituaient en effet à l'époque de Louis XIV ou de Napoléon un viatique suffisant pour les gouvernants, mais tel n'est assurément plus le cas au XXᵉ siècle. C'est que le développement tous azimuts — excessif à ses yeux, mais en grande partie inévitable — des interventions étatiques a considérablement complexifié la *ratio gubernationis*, et rendu par là-même indispensable le recours à des savoirs techniques de plus en plus pointus.

---

[1] Ludwig von Mises, *La Bureaucratie*, Paris, Éditions politiques, économiques et sociales, 1946.
[2] *PN*, 6/12/1913.

Cette conscience du caractère à la fois grandissant, inéluctable, et inquiétant du phénomène bureaucratique n'a pas peu contribué à l'élaboration par Alain d'une nouvelle typologie des pouvoirs. Dans de célèbres Propos[1], le philosophe a en effet substitué à la trilogie chère à Montesquieu (les canoniques pouvoirs législatif, exécutif et judiciaire), une conception assez novatrice, dans laquelle la constitution de tout État moderne apparaît comme un régime inévitablement mixte, où l'exécutif incarnerait la dimension monarchique ; le législatif (auquel il adjoint l'administration), la dimension oligarchique ; et où enfin la dimension démocratique s'accomplirait dans une vaste fonction de « Contrôle ». Cette dernière serait exercée par les électeurs sur les parlementaires, puis par ceux-ci sur les ministres, et enfin par ces derniers sur leurs administrations. Ainsi pour Alain (qui s'inscrit ici dans une tradition aristotélicienne) les institutions, quelle que soit leur dénomination, sont toujours *de facto* à la fois monarchiques, aristocratiques et démocratiques, selon un équilibre qui peut varier sensiblement selon les pays et les circonstances, mais qui n'en est pas moins fatal — sauf à dégénérer dans des formes de gouvernement pathologiques comme la tyrannie, l'oligarchie ou la démagogie. Dans ce schéma, on l'a dit, l'administratif est inclus dans le législatif, car « pour régler chaque organisation, il faut des savants, juristes ou ingénieurs, qui travaillent par petits groupes dans leur spécialité[2] ». Plus le gouvernement d'une société est complexe et plus le recours aux spécialistes s'avère indispensable, car « pour contrôler les assurances et les mutualités, il faut savoir, pour établir des impôts équitables, il faut savoir, pour légiférer sur les contagions, il faut savoir[3] ». La nécessité

---

[1] Voir notamment *PN*, 12/7/1910, et *Politique*, p. 212 (octobre 1931).
[2] *PN,* 12/7/1910.
[3] *Ibid.*

croissante de recourir aux compétences techniques des administrateurs et des spécialistes fait que, selon Alain, « nous sommes tous gouvernés, et mieux que passablement, selon le principe de l'aristocratie » (c'est-à-dire selon le principe du pouvoir aux « meilleurs »)[1].

Pour autant, l'auteur des *Propos* ne s'arrête pas devant ce qui est à ses yeux un simple constat d'évidence, et qui pourrait en conduire d'autres à se résigner face à l'avènement d'une forme de technocratie, c'est-à-dire une tyrannie des Compétences. L'auteur du *Citoyen contre les Pouvoirs* conclut au contraire que l'esprit démocratique doit consister à surveiller sans relâche ce pouvoir administratif de plus en plus envahissant, faute de quoi l'oligarchie bureaucratique abusera de son pouvoir aux dépens du peuple souverain et de la démocratie. De l'aristocratie des Compétences (dont on ne peut nier totalement la nécessité, selon lui, eu égard aux défis que représente le gouvernement des sociétés modernes), on passerait alors à la tyrannie des technocrates. Nous ne serions plus dès lors dans un régime mixte, mais face à une excroissance pathologique de l'ordre oligarchique, excroissance mortelle pour la liberté des citoyens. Pour s'en prémunir, dit Alain, il convient d'insuffler sans relâche aux citoyens ce souffle démocratique qu'est l'esprit de résistance, un esprit qui s'incarne concrètement à ses yeux par une surveillance des pouvoirs de tous les instants.

Car pour Alain, comme tout détenteur d'un pouvoir, l'administration cherche immanquablement à abuser de ses prérogatives, et aspire donc, tout naturellement, à la tyrannie. Pour justifier de telles prétentions elle a du reste recours à un discours bien rodé, qui oppose son savoir technique et son désintéressement aux errances des masses, jugées inaptes à appréhender des questions complexes et à faire passer

---

[1] *Politique*, p. 212 (octobre 1931).

l'intérêt général avant ses désirs égoïstes et immédiats. De fait, dans le mépris que les hauts fonctionnaires cultivent naturellement envers les députés (et, à travers eux, envers les électeurs), les préoccupations de court terme du politicien obnubilé par sa réélection jouent un rôle non négligeable ; l'administration se voulant tout au contraire l'indispensable « gardienne du long terme[1] ». On reconnaît là l'un des éléments essentiels de « l'idéologie administrative[2] » qui prétend pouvoir seule incarner l'intérêt général, contre les intérêts particuliers dont seraient prisonniers aussi bien les hommes politiques que les milieux économiques.

Or, comme nous l'avons vu, pour Alain, derrière la rhétorique de l'intérêt général censé s'incarner dans une Administration en butte à des citoyens-contribuables-élus aveuglés par leurs intérêts égoïstes et leurs préoccupations à courte vue, se cache un pur corporatisme qui conduit les bureaucrates à s'auto-encenser pour mieux éviter d'avoir à rendre des comptes. En effet, derrière cette mystification de l'intérêt général, l'administration en réalité ne ferait que défendre ses propres avantages. En particulier, chaque bureau chercherait d'abord et avant tout à extorquer aux hommes politiques le meilleur budget possible, fût-ce aux dépens des autres ministères, qui devront de leur côté compter sur leur propre administration pour arracher leur part du butin[3]. Abusant de la crédulité des ministres, les hauts fonctionnaires parviennent ainsi à mettre ces derniers « à genoux[4] » en proposant chaque jour de nouvelles dépenses (n'hésitant pas, au passage, à s'octroyer à eux-mêmes des avantages matériels), en créant

---

[1] Voir à ce sujet Pierre Rosanvallon, *La légitimité démocratique, op. cit.*, p. 85.
[2] Voir Jacques Chevallier, *Science administrative*, Paris, PUF, 2007 (4e édition), p. 561-607.
[3] Voir notamment *Propos*, 25/10/1930 (« Le prodige ») ; 18/2/1933 (« Folies d'administration »).
[4] *Politique*, p. 257 (décembre 1933).

de nouveaux postes, quitte à inventer des besoins imaginaires, sources de futures rentes bureaucratiques. Chacun des bureaux tire ainsi la couverture à soi en orientant les arbitrages budgétaires en sa faveur, et le dindon de la farce est toujours le contribuable. « Abondance de métros ne saurait nuire », comme nous l'avons vu…

En effet, écrit Alain, « le peuple n'est bon que pour payer[1] » les projets grandioses de bureaucrates irresponsables, dont l'*hubris* budgétaire sert leurs propres intérêts plutôt que ceux des usagers des services publics. Ces « terribles bureaux » ne « cessent jamais de proposer de nouvelles dépenses, de s'augmenter eux-mêmes, de créer des postes et de créer des besoins, sans jamais penser au simple citoyen, qui est seulement bon pour payer[2] ». Si l'imagination de ces paniers percés n'était pas réfrénée par des politiques contraints, eux, de rendre des comptes à leurs électeurs-contribuables, la France aurait tôt fait de se couvrir de lignes de chemin de fer sans voyageurs, de navires de guerre voués à la parade, ou encore… de ronds-points par dizaines de milliers ! L'infinie inventivité des techniciens des finances permettrait de multiplier éternellement les nouveaux impôts destinés à financer ces « folies d'administration[3] », si une telle frénésie dépensière n'était pas réprimée par le bon sens populaire, s'exprimant notamment par la bouche du député radical, cet « ami du peuple » qui sait qu'un sou est un sou.

Il serait bien entendu facile d'ajouter ici que les mêmes électeurs contribuables sont également des solliciteurs qui attendent des mêmes dépenses publiques des emplois ou des subventions. En effet, les mêmes qui critiquent les feuilles d'impôts trop lourdes sont souvent les premiers à réclamer

---

[1] *PN*, 26/2/1909.
[2] *Politique*, p. 257 (décembre 1933).
[3] *Propos*, 18/2/1933 (« Folies d'administration »).

des faveurs, des subventions, des privilèges, des monopoles, des protections (et j'en passe) à un État qui, comme l'a dit Frédéric Bastiat dans une formule à la fois lapidaire et profonde, est « la grande fiction à travers laquelle tout le monde s'efforce de vivre aux dépens de tout le monde ».

Alain lui-même écrit en décembre 1933 que chaque citoyen pense « à recevoir le plus possible et à payer le moins possible[1] ». Dans une sorte de schizophrénie, « chacun refuse comme contribuable ce qu'il réclame comme employé », bref « s'oppose à l'impôt » tout en refusant les « économies réelles » (toute ressemblance avec une situation présente etc. etc.). D'où vient cette contradiction ? demande Alain. Et de répondre par un argument que les plus libéraux approuveraient sans aucune réserve : « De ce que l'État anonyme et irresponsable a abusé monstrueusement de son pouvoir, à l'occasion de la guerre et au moyen de la menace de la guerre[2] ». Toutefois, il convient ici de remarquer que plutôt que de s'engager — comme n'hésitent pas à le faire certains libéraux — dans une critique radicale de la démocratie vue comme un système de marchandage permanent où les hommes politiques achètent des voix à coups de promesses électorales et où les électeurs sacrifient toute idée de bien public à une sollicitation sans vergogne de faveurs et de privilèges, Alain préfère incriminer les évolutions récentes qui, à la faveur de la Grande Guerre, ont perverti le système en accroissant démesurément l'emprise de l'État sur la société. Alain — qui, on l'a vu, ne craint pas de défendre un certain clientélisme dès lors qu'il ne profite qu'aux plus modestes et s'équilibre par son caractère tous azimuts — préfère par ailleurs s'en tenir à l'idée qu'un strict contrôle populaire sur les élus s'avère suffisant pour serrer la bride aux gouvernants

---

[1] *Politique*, p. 257 (décembre 1933).
[2] *Ibid.*

(politiciens et bureaucrates) et freiner ainsi leurs ambitions démesurées. D'où, on l'a vu à plusieurs reprises, l'importance du mode de scrutin.

Mais aux yeux d'Alain le péril représenté par un pouvoir bureaucratique auquel on aurait laissé la bride sur le cou ne s'arrête pas à la soif inextinguible de dépenses publiques qui gagne immanquablement la haute administration. Car non contents de dilapider l'argent public, les bureaucrates sont de surcroît, à ses yeux, de fieffés réactionnaires[1]. « Les citoyens sont républicains , les députés le sont déjà un peu moins ; les ministres ne le sont guère ; les bureaucrates ne le sont point du tout[2] », résume-t-il en une formule qui résume assez bien le fond de sa pensée. Ce constat est tout particulièrement vrai selon lui des directeurs d'administration qui, par leur stabilité, exercent le véritable pouvoir, tandis que les ministres (aidés des quelques amis qui composent alors l'essentiel de leurs modestes cabinets)[3] n'en peuvent mais. Liés par leurs origines et leurs liens de sociabilité aux franges les plus dominantes de la société, les hauts fonctionnaires « sont les ennemis du peuple » car « ils gouvernent pour leur propre bien, c'est à dire dans l'intérêt des riches[4] » (le mot « riche » désignant ici les puissants plus que les capitalistes proprement dit). C'est pourquoi le rôle des députés radicaux, en bon républicains « amis du peuple », doit être de rester vigilants et de contrôler étroitement « ces Hautes Seigneuries[5] » afin qu'elles n'abusent pas de leur puissance aux dépens de ceux qu'elles sont censées servir.

---

[1] « Quant aux chefs de service, ils sont tous réactionnaires. Celui qui a bien compris cela tient la clé de notre politique ». *PN*, 6/8/1906.

[2] *PN*, 19/01/1909

[3] Sur les cabinets ministériels, voir notamment *PN*, 10/1/1907 ; 16/5/1907.

[4] *PN*, 19/01/1909.

[5] *PN*, 6/7/1911.

En démocratie le pouvoir de l'oligarchie bureaucratique doit en effet être contrebalancé par une forme de résistance de tous les instants, qui est seule à même de sauvegarder les intérêts du Souverain, c'est-à-dire du peuple. Cette résistance doit s'incarner dans des hommes tout autant que dans des institutions. En effet, si les bureaucrates sont les ennemis du peuple, les députés radicaux doivent avoir à cœur de rester leurs amis, quelles que soient les circonstances, et quel qu'en soit le prix politique à payer (en termes de carrière). Car la chose n'est pas facile, tant il est vrai que « le poison bureaucratique passe bien vite dans leur sang[1] ». Au quotidien, les ministres doivent résister aux tentations de la capitale et veiller à ne pas se laisser gagner par l'idéologie bureaucratique. Mieux encore, les députés doivent veiller à rester les hommes de la province, qui ne montent dans la capitale que pour faire la leçon aux ministres et aux bureaucrates. « Cela forme comme une chaine tendue ; à l'un des bouts tirent les électeurs, par vigoureuses secousses, à l'autre bout résistent les bureaucrates, leurs mille pieds incrustés dans le sol ; les députés et les ministres sont entre eux deux et suivent les mouvements de la chaine ; ils sont comme assis dessus et fort mal à l'aise dès qu'on la secoue ; parfois même ils tombent assez rudement[2]. »

Pour Alain, quelques ministres courageux ont su montrer l'exemple et faire passer la défense inflexible de leurs électeurs (et de leurs convictions républicaines) avant leurs intérêts de carrière, en résistant efficacement à leurs administrations, au risque de subir les quolibets de celles-ci et de leurs puissants relais jusque dans le monde de la presse. Ainsi Pelletan, Combes, Clemenceau, ou encore Jaurès, sont fréquemment cités par l'auteur du *Citoyen contre les Pouvoirs*

---

[1] *Propos sur les Pouvoirs*, p. 81 (28/4/1910).
[2] *PN*, 6/8/1906.

comme des exemples d'authentique vertu républicaine. C'est qu'en faisant « trembler les hauts bureaucrates[1] », ils ont su faire passer leur fonction tribunicienne d'Interpellateur avant leur soif de pouvoir (on sait que Jaurès, par exemple, ne fut jamais ministre). Pour ces républicains intransigeants, la mission première du parlementaire républicain est moins de gouverner que de contrôler les gouvernants. Il doit donc être une sorte de tribun de la plèbe qui fait intercession entre les citoyens et les véritables détenteurs de l'*imperium* que sont les Grands Bureaucrates. En d'autres termes, le député ou le sénateur a d'abord pour mission de surveiller les ministres, qui eux-mêmes sont d'abord chargés de surveiller leurs puissants bureaux.

Ainsi, par cette chaine de surveillances, les pouvoirs s'équilibrent et le courant démocratique, tel un courant électrique, circule de la base au sommet. En effet, selon Alain, la démocratie est toute entière dans cette avalanche de contrôles. Elle ne saurait en aucun cas résider dans l'origine populaire du pouvoir, dans la mesure où les gouvernants sont toujours une toute petite minorité, c'est-à-dire une élite. Et quand bien même ils seraient désignés par le peuple, voire issus de celui-ci, cela ne les empêcherait pas de chercher à se comporter comme une caste et de vouloir abuser de leur pouvoir. En cela, Alain est bien — une fois de plus — éminemment libéral puisque pour lui la question de *l'origine* du pouvoir est finalement secondaire par rapport à celles des *limites* du pouvoir. Ou plus exactement, l'origine démocratique du pouvoir a comme vertu essentielle d'être la mieux à même de limiter l'exercice de ce pouvoir, et par conséquent de garantir la liberté des citoyens. Car telle est bien la loi de l'espèce humaine : quiconque détient une parcelle de pouvoir cherche inévitablement à l'augmenter, si on lui en laisse la possibilité.

[1] *PN*, 6/12/1913.

Répétons-le : en authentique libéral, Alain considère que ce n'est pas seulement *l'origine* du pouvoir politique qui importe, mais aussi — et peut-être surtout — sa *limitation*. Une limitation assurée par le contrôle continu et efficace que les gouvernés doivent eux-mêmes exercer sur les gouvernants.

Le peuple ne saurait prétendre détenir lui-même le pouvoir de faire ou d'exécuter la loi, car ce sont là des prérogatives qui relèvent des ministres, des parlementaires et de la haute administration (qui, comme nous l'avons vu, incarnent les dimensions monarchique et oligarchique de toute Constitution). La démocratie réside entièrement dans la faculté de les contrôler. Cette faculté, le peuple ne doit sous aucun prétexte l'abandonner, sauf à abdiquer ses droits de Souverain. « Ce qui me plaît dans notre régime, écrit Alain, c'est que les bureaucrates y reçoivent des camouflets. C'est que, si quelque inutile fonctionnaire s'avisait de vouloir être nuisible, et d'annuler maintenant la valeur de quelque monnaie française, il se trouverait quelque député pour monter à la tribune et y parler au nom de la marchande de salade. Le projet de loi serait renvoyé aux bureaux, et le bureaucrate recevrait le fouet[1]. »

Ainsi, grâce à un pouvoir d'interpellation permanent et généralisé (interpellation de l'électeur envers le député le dimanche matin sur le marché ; du député envers le ministre à la Chambre ; et du ministre envers son administration derrière les portes capitonnées de son bureau), grâce à cette surveillance de tous les instants, la souveraineté du peuple se fait quotidiennement sentir en remontant de la base au sommet. Dès lors, entre le pouvoir *de fait* d'un petit nombre, et le pouvoir virtuellement théorique du peuple, s'instaure

---

[1] *PN.* Voir aussi *Propos sur les Pouvoirs*, p. 137 (27/10/1912) : « En fait les Compétences sont aux affaires. Il reste à les surveiller, et ce n'est pas si difficile ».

une tension bien plus favorable à ce dernier que ne le serait un bien utopique gouvernement *par* le peuple. L'administration gouverne *pour* le peuple pour autant qu'elle agit sous le regard inquisiteur de ce dernier.

Une critique libérale de la Grande Politique.

Pour terminer cette étude consacrée au libéralisme démocratique d'Alain, dont nous avons successivement montré les dimensions économique, individualiste, pluraliste (dans sa conception de l'intérêt général), et antibureaucratique, nous souhaiterions revenir sur trois points que nous avons déjà brièvement évoqués, mais sur lesquels nous voudrions insister dans la mesure où ils nous paraissent particulièrement importants. Il s'agira pour nous, dans cette ultime partie, de mieux mettre en valeur la promotion chez Alain d'une politique modeste, par opposition à la « Grande Politique » (d'autant plus facilement défendue par bon nombre d'hommes de l'État qu'ils y trouvent un moyen infaillible et larvé de renforcer leur propre pouvoir) ; d'illustrer sa conception des rapports du droit et de la loi, qui s'avère être aux antipodes du positivisme juridique et du volontarisme politique ; et enfin de conclure en résumant la définition étonnamment moderne que l'auteur des *Propos* donne de la démocratie, conçue non pas comme la révélation d'une supposée *volonté* populaire (ce que nous appellerons la *téléocratie*), mais comme un système de *contrôle* et de *surveillance* des gouvernants par les gouvernés (ce que nous appellerons la *monitocratie* ou « démocratie de l'admonestation »).

Commençons donc par le premier point. En défendant une politique des intérêts contre ce qu'il appelle une politique « doctrinaire » ou « métaphysique », Alain entend en effet défendre un mode de gouvernement humble et soucieux de l'individu. « Je préfère la politique de clocher à la grande politique[1] », répète-t-il à l'envi, car trop souvent ce sont les citoyens qui payent les pots cassés de l'*hubris* des gouvernants : au mieux, en acquittant leurs impôts ; au pire, en partant à la guerre. Il s'agit donc pour le « citoyen contre les pouvoirs » de faire prévaloir une politique, « non pas brillante, mais raisonnable[2] », qui garantisse ses intérêts de contribuable et plus encore ses droits de citoyen libre et pacifique. Ainsi, dans un propos de décembre 1911, Alain illustre son raisonnement en commentant la construction d'une nouvelle gare ferroviaire, dans laquelle il veut voir un merveilleux « exemple de la petite politique, qui fait voir l'action des intérêts particuliers. » Il poursuit d'ailleurs sa réflexion en supposant « que dans chaque région et dans chaque corps de métier les individus deviennent aussi attentifs à toutes les décisions des pouvoirs publics », et estime qu'« ainsi il se formera une science véritable, un bon sens véritable, un esprit public véritable. » Alain va jusqu'à voir dans ce genre de gestion terre-à-terre « une révolution de première importance » et un mode de gouvernement « que les grands politiques jugent vils et méprisables », mais qui ont, à ses yeux, l'immense mérite d'échapper « autant que possible à la violence des passions. » Il voit ainsi « dans ces revendications toutes simples et qu'un enfant comprendrait, les premières démarches de la Raison », car « plus les intérêts sont grossiers et matériels comme on dit, mieux la Raison s'exerce, se montre et agit efficacement[3]. »

C'est en effet là ce qu'Alain appelle une politique « positive » ; ce qui, pour le grand admirateur d'Auguste Comte qu'il est, veut dire une politique raisonnable, à défaut d'être

---

[1] *PN*, 12/12/1911.
[2] *Propos* du 18/4/1936.
[3] *PN*, 21/12/1911.

rationnelle[1]. Rien n'illustre mieux, à ses yeux, la nature et les avantages d'une humble gouvernance que les élections locales ou sénatoriales. Ces dernières, par exemple, se font « sous la pression de l'opinion tout entière, mais groupée par régions, ce qui assure la prédominance des intérêts, et, par conséquent, le triomphe d'un certain esprit positif qui est une partie de l'esprit radical. » Et Alain d'ajouter cette remarque, qui plonge au cœur de sa philosophie politique : « cet esprit positif s'accorde très bien avec l'Idée Égalitaire ; car l'Égalité ne se réalise, et ne devient sensible au toucher en quelque sorte, que par l'action égale des intérêts[2]. » Le même esprit positif règne d'ailleurs dans toutes les élections locales, où se fait l'apprentissage de la vie politique, dans un régime parlementaire — celui de la IIIᵉ République — où le *cursus honorum* de tout ministre commence par l'accession à un conseil municipal puis à un conseil général, antichambres obligées de la députation. « Là, tout est vu de près ; tout se mesure et se compte », écrit Alain, qui ajoute : « L'esprit jugeur n'y est pas arrêté par les préjugés de la Haute Politique », si propices aux hypostases liberticides, terreau privilégié de la tyrannie. En effet, dans les petites communes, les débats portent sur « des objets familiers à tous les citoyens et qui les touchent immédiatement et, en quelque sorte, matériellement ». En d'autres termes, si « dans la vie municipale, il n'y a point de tyrannie », c'est que la politique municipale est d'abord une politique d'intérêts — des intérêts qui ont le double avantage de pouvoir composer et d'être accessibles à l'entendement de tout un chacun. « Aussi, ajoute Alain, tan-

---

[1] Sur le rationalisme d'Alain, voir Émile Chartier, « Le culte de la Raison comme fondement de la République », *Revue de Métaphysique et de Morale*, janvier 1901, pp. 111-118. On se reportera aussi au livre de Thierry Leterre, *La Raison politique, Alain et la Démocratie*, Paris, PUF, 2000.

[2] *PN*, 5/1/1912. Sauf mention contraire, les citations suivantes sont tirées de ce propos.

dis que la Chambre essaye toujours d'oublier les électeurs et de politiquer [*sic*] pour elle-même avec des mots imposants, un Conseil municipal ne l'essaierait même pas. Il est, encore mieux que la Convention, sous le regard et sous la menace du peuple. » En d'autres termes, les citoyens peuvent localement exercer à loisir leur pouvoir de contrôle et d'admonestation (sur lequel nous reviendrons), qui est pour Alain la quintessence même de la démocratie. Les politiciens, qui redoutent ce contrôle presqu'autant que les bureaucrates, cherchent bien en vain à s'affranchir de leurs électeurs, en rappelant aussi souvent qu'ils le peuvent « les principes abstraits et les Intérêts Généraux ». Mais « l'esprit municipal réel, fruit de l'expérience, marche toujours à ses fins, c'est-à-dire contre les partis et pour la République radicalement radicale. »

Dès lors, pour Alain, la Chambre des députés devrait fonctionner sur ce modèle de la politique positive, telle qu'on la trouve pratiquée au quotidien dans les 36 000 communes de France. En effet, en quoi devrait consister fondamentalement la vie politique selon lui ? « Il s'agit, écrit-il, de faire vivre ensemble, le mieux possible, des marchands de légumes, des boulangers, des serruriers, des cordonniers, des maîtres d'école, en réduisant au minimum, les bagarres et les coups de poings. Or, qu'est-ce qu'un Parlement ? C'est encore une espèce de conseil municipal. Je ne vois donc pas pourquoi nos parlementaires devraient être des génies[1]. » Alain, on le voit, en est resté à une vision politique assez proche de l'État-gendarme du XIXᵉ siècle (ou, si l'on préfère, de l'État libéral réduit à ses fonctions strictement régaliennes). Que l'on juge cette conception datée, voire passéiste, ou bien — c'est notre cas — qu'on la juge au contraire étonnamment moderne, peu importe. Ce qui est

---

[1] *PN*, 29/7/1906.

certain, c'est qu'une telle vision est certainement apparue anachronique à beaucoup, notamment à gauche, au cours d'un XXᵉ siècle qui restera dans l'histoire comme celui de l'État-Roi — ne serait-ce qu'à travers la forme la plus pathologique de cette statolâtrie que furent les totalitarismes. Quoi qu'il en soit, pour Alain, plus la politique est modeste, mieux cela vaut pour la sauvegarde même des libertés individuelles, qui est sa préoccupation première, comme celle de tout libéral qui se respecte. Car les citoyens d'un pays libre entendent finalement moins être gouvernés, qu'être assurés que leurs droits sont solidement garantis et leurs intérêts convenablement pris en compte. Ils n'aspirent pas à un État obèse, tatillon et envahissant, qui se mêlerait de tout et s'acquitterait dès lors très mal de ses missions tous azimuts. Ils veulent au contraire un État fort et sec (si l'on peut s'exprimer ainsi), strictement cantonné à ce qui fait son essence même : à savoir le maintien de l'ordre républicain et la garantie des libertés individuelles.

Malheureusement pour eux, cette gouvernance *a minima*, qu'ils appellent de leurs vœux, cède trop souvent le pas à la Grande Politique, d'autant plus dangereuse qu'elle est fondée sur des abstractions : « Quels sont les faits en politique ? écrit Alain. Ce sont les citoyens, les métiers, les commerces, les intérêts particuliers en définitive. On parle bien d'intérêts généraux, de crises, de malaise général, d'opinions communes, mais ce sont des abstractions. Une opinion commune réelle se compose d'opinions individuelles[1]. » Et à ceux qui seraient tentés de répondre qu'une telle conception de la politique — où l'élu a l'œil rivé sur sa circonscription — n'a rien de bien grandiose, Alain répond sans hésiter qu'il se « méfie du sublime en politique ; car c'est le citoyen qui en

---

[1] *PN*, 12/7/1909.

fait les frais[1]. » La politique positive qu'il juge seule compatible avec la liberté et l'égalité des citoyens est bien une politique délibérément circonspecte, mesurée, humble, voire terre à terre. « Point d'utopies. Point de système abstrait. Que chacun vote selon ses intérêts et ses préférences[2] », répète-t-il invariablement. L'essentiel reste bien pour lui de garantir les droits des citoyens en tenant les pouvoirs en laisse et en leur serrant la bride. De ce point de vue, l'ultime garantie consiste pour Alain à faire prévaloir une harmonisation des intérêts particuliers sur un Intérêt Général hypostasié, qui n'est que le paravent de passions idéologiques lourdes de dangers pour l'individu. « Que chacun considère donc son intérêt, au lieu de s'embarquer dans la politique générale », écrit l'auteur des *Propos sur le Bonheur*, pour qui « la France heureuse et tranquille, c'est une somme de citoyens heureux et tranquilles, et rien de plus[3]. » Les passions et les idéologies portent aux extrêmes, et c'est pourquoi elles sont amies de la tyrannie. Les intérêts composent et s'équilibrent ; c'est pourquoi ils sont la meilleure garantie d'un gouvernement modéré — ou minimum —, c'est-à-dire libéral.

Droit, législation et liberté chez Alain[4].

Alain a beaucoup écrit sur le droit et sur la loi, même s'il l'a fait, comme toujours, de manière tout à la fois éclatée et imagée ; ce qui n'a d'ailleurs guère contribué à la diffusion de

---

[1] *Ibid.*

[2] *PN*, 14/5/1906.

[3] *PN*, 20/5/1906

[4] En faisant cette allusion un peu provocatrice au grand livre de Friedrich Hayek, nous ne voulons pas faire d'Alain un hayékien avant l'heure, encore que certains thèmes les rapprochent, comme nous avons déjà eu du reste l'occasion de le voir et comme nous allons le redire.

ses thèses auprès d'un public spécialisé dans l'étude de ces questions. Nous allons pourtant voir que les idées qu'il défend sont d'une bien plus grande subtilité que ne le laisserait entendre la réputation de « philosophe pour classe terminale » qui est encore trop souvent attachée à son œuvre. Mieux, sa conception du droit et de la loi, dès lors qu'on se donne la peine de la restituer dans toute sa complexité, apparaît par certains aspects étrangement proche des thèses développées par d'éminents auteurs libéraux qui se sont intéressés à ces questions, tout à la fois politiques et juridiques. Nous pensons en particulier aux thèses de quelqu'un comme Friedrich A. Hayek, que l'on ne s'attendrait pourtant pas *a priori* à voir rapproché du radical Alain. D'autant que les principales sources d'inspiration de ce dernier, en la matière, ont pour nom Platon et Rousseau, c'est-à-dire deux auteurs qui ne passent pas pour des références libérales incontestées (et dont lui-même, du reste, propose une lecture comme toujours très personnelle)[1].

Notons tout d'abord que, comme souvent, le vocabulaire n'est pas fixé de manière immuable chez Alain, et que le même mot — ou la même image puisque le philosophe et le poète sont inséparables chez lui — peuvent avoir parfois deux sens assez différents selon le contexte. Reste qu'il est possible d'avancer quelques éléments sûrs, que l'on pourra retrouver *ne varietur* tout au long de ses écrits, échelonnés sur

---

[1] L'admiration qu'Alain proclame *urbi et orbi* envers quelques grands auteurs qu'il relit indéfiniment, va de pair chez lui avec une interprétation extrêmement personnelle de leurs œuvres. Autrement dit, admirer ne veut en aucune manière dire singer chez cet esprit foncièrement libre qu'est Alain. Dès lors, si la lecture que nous proposons nous-même, ici, de sa propre œuvre politique ne fait pas l'unanimité, elle sera néanmoins typiquement alinienne en ceci qu'elle repose, de notre part, sur une immense admiration et une lecture qui, par définition, ne peut être que personnelle.

un demi-siècle. Le premier de ces éléments — qui n'est certes pas le plus original —, c'est qu'à ses yeux « le droit est autre chose que la force[1] ». Ceci est d'ailleurs si vrai que même les pires tyrannies, dans une sorte d'hommage rendu par le vice à la vertu, éprouvent le besoin de masquer leurs pires exactions sous les oripeaux du droit, ou tout au moins d'une version dévoyée du droit[2]. Ainsi les nazis ont prétendu ériger un droit nazi, que certains juristes positivistes ont étudié comme n'importe quel autre droit (même si cela ne veut pas dire pour autant qu'ils l'ont approuvé)[3]. Mais pour Alain, « le droit n'est pas une chose ni un fait, le droit est une idée[4] ». À l'inverse de la loi positive, le droit est fondamentalement pour lui un idéal accessible à la raison et dont l'essence est parfaitement indépendante de son existence (pour utiliser un vocabulaire sartrien) *hic et nunc*. « Aussi, ajoute Alain, le droit ne se mesure pas à l'effectif des armées ; un homme seul contre une foule, peut représenter le droit. Socrate, contre tous, Socrate mourant pour la liberté de penser et de parler, Socrate représente le droit.[5] »

Comme chacun le sait, depuis bien longtemps la philosophie du droit oppose les partisans du jusnaturalisme (ou droit naturel) et les partisans du positivisme juridique[6]. Pour les

---

[1] *PN*, 6/10/1906.

[2] Voir par exemple Bernard Durand, Jean-Pierre Le Crom, Alessandro Somma, *Le Droit sous Vichy*, Frankfurt-am-Main, V. Klostermann, 2006 ; Dominique Gros, *Le Droit antisémite de Vichy*, Paris, Seuil, 1996.

[3] Voir à ce sujet le dossier paru dans la revue électronique de l'ENS de Lyon, *Astérion. Philosophie, histoire des idées, pensée politique*, 4/2006, « La crise du droit sous la République de Weimar et le nazisme ».
https://asterion.revues.org/465

[4] *PN*, 6/10/1906.

[5] *Ibid.*

[6] Il s'agit là, bien entendu, d'une simplification extrême d'un débat opposant plutôt *des* jusnaturalismes à *des* positivismes, selon des modalités extrêmement complexes. Pour une première approche de cette question

premiers — du moins dans sa forme moderne[1] — les individus possèdent dès leur naissance des droits subjectifs, qu'il
est possible de découvrir par le seul usage de la raison puisqu'ils sont fondés sur la nature de l'homme. Dès lors, le
pouvoir politique ne crée par ces « droits de l'homme », mais
il les reconnaît et a même comme devoir essentiel de les
consacrer et de les garantir. À l'inverse, les positivistes ont en
commun de refuser ce dualisme entre droit naturel et droit
positif, considérant que seul ce dernier est connaissable par
la science juridique. Cela ne veut d'ailleurs pas dire que les
positivistes confondent le droit et la morale, mais simplement qu'à leurs yeux le juriste a pour mission première
d'étudier le droit tel qu'il existe concrètement dans un contexte historique et géographique donné. On l'aura compris,
dans un tel débat, Alain se situe clairement du côté des jusnaturalistes, comme le montre par exemple ce propos du 31
juillet 1912 dans lequel on peut lire : « La démocratie n'est
pas le règne du nombre, c'est le règne du droit. » S'opposant
dans ces lignes aux « proportionnalistes » (autrement dit aux
partisans de la Représentation proportionnelle) qui ont « une
tout autre conception de la République » que la sienne,
l'auteur du *Citoyen contre les Pouvoirs* ajoute : « Pour moi, je
conçois la République tout à fait autrement. Il n'y a point de
tyrannie légitime, et la force du nombre ne peut point créer
le plus petit commencement de droit. (…) Dans une démocratie, non seulement aucun parti n'a le pouvoir, mais bien
mieux, il n'y a plus de pouvoir à proprement parler. Il y a des
magistrats qui ont la charge de maintenir l'égalité, la paix,

classique chez les juristes, voir : Michel Troper, *La Philosophie du Droit*,
Paris, PUF, 2003, p. 15-21.

[1] Il existe aussi un droit naturel antique qui fonde l'idée d'un ordre social
harmonieux et spontané sur une juste proportion pour ce qui touche aux
relations entre les hommes, et ce indépendamment de toute intervention
volontaire des hommes.

l'ordre. » Autrement dit, Alain est aux antipodes du positivisme étroit dont la formulation la plus abrupte et la plus vulgaire en a été donnée dans les années 1980 par le député socialiste André Laignel, lorsqu'il s'était écrié en plein Palais Bourbon : « Vous avez juridiquement tort parce que vous êtes politiquement minoritaire. » Rien n'est plus contraire à la conception du droit que se fait Alain. Celui-ci ne saurait dépendre à ses yeux du rapport de force politique à un instant donné, ce qui rabaisserait son essence au destin d'une simple feuille morte, ballottée au gré du vent (c'est-à-dire des scrutins électoraux).

Reste que si le droit positif (la loi) et le droit naturel (l'idée de droit) ne sauraient être confondus, cela veut forcément dire qu'ils peuvent être amenés, selon les circonstances, à entrer en conflit. En effet, demande Alain : « Qu'est-ce que la loi ? C'est le droit ? Peut-être, mais c'est d'abord la force. La loi, c'est l'opinion du plus grand nombre ; il faut la suivre non parce qu'elle est le droit, mais parce qu'elle est loi, afin que l'ordre règne ; car l'ordre est un bien aussi.[1] » Nous retrouvons d'ailleurs ici une idée que nous avons déjà eu maintes fois l'occasion de souligner : à savoir qu'Alain n'avait rien d'un anarchiste, et que pour lui, l'ordre est absolument nécessaire à l'exercice des droits et des libertés individuelles. En effet, à ses yeux, l'obéissance à la loi est souhaitable car sans elle, on tombe inévitablement dans la loi de la jungle et dans le règne du plus fort.

Pour autant, comment s'assurer que cette loi positive ne soit pas contraire au droit, et que l'obéissance nécessaire à l'ordre social ne risque pas de conduire le citoyen à approuver des comportements parfaitement iniques ? À cette question, Alain répond par une profession de foi démocratique, à la fois lucide et déterminée, en vertu du principe selon lequel

---

[1] *PN*, 6/10/1906.

« l'opinion du plus grand nombre, prise comme loi, est encore le meilleur moyen de garder la paix, tout en se rapprochant du droit, car il n'est pas vraisemblable que la violation du droit plaise au plus grand nombre. » Et l'auteur des *Propos* ajoute : « Il n'y a donc qu'un chemin vers le droit : la démocratie. Il faut y passer. Il le faut, mais cela n'est pas sans risques. On craint, dans cette marche avec la foule, de meurtrir, de déchirer, d'écraser ce droit même que l'on poursuit. Terrible risque dont le démocrate a la claire conscience[1]. » Autrement dit, on ne peut pas être entièrement assuré que la loi positive soit toujours parfaitement conforme aux canons du droit naturel, mais il est certain que le régime démocratique est celui qui rend le plus improbable une distorsion entre les deux. Parce que dans une démocratie bien organisée, les minorités et les individus ont les moyens de faire entendre leur voix, il y a de fortes chances pour que les injustices les plus criantes soient corrigées d'elles-mêmes, par une savante alchimie des intérêts dont nous avons déjà parlé et sur laquelle nous allons revenir. Ce qui est certain en tous les cas, c'est qu'aucun autre régime n'apporte les mêmes garanties : ni la tyrannie, qui étant au service d'un seul, ne peut tendre qu'à l'injustice la plus pure ; ni l'oligarchie, qui fera toujours prévaloir l'intérêt d'une minorité sur celui du plus grand nombre des citoyens. Bref, on serait tenté de paraphraser ici Churchill lorsqu'il disait que la démocratie est le pire des systèmes à l'exception de tous les autres. Pour Alain, en tout cas, si la démocratie ne garantit pas de manière absolument certaine le respect scrupuleux et permanent du droit, elle offre les meilleures conditions pour que la loi positive et le droit naturel se rejoignent. Aucun autre régime ne peut apporter autant de garanties quant à la coïncidence de la loi

---

[1] *Ibid.*

hic et nunc et de l'idéal de justice, qui est l'essence même du droit.

Pour autant, même dans un régime démocratique, il se peut que le citoyen doive appliquer une loi qu'il juge inique, autrement dit, qu'il se retrouve devant le dilemme d'Antigone, partagée entre son devoir d'obéissance à la loi positive édictée par Créon, et sa conscience qui lui dicte d'obéir à une Justice supérieure. Alain ne fuit pas la question, et la réponse qu'il y apporte mérite d'être méditée. Dans un propos daté du 4 juillet 1909, lui le Républicain anticlérical[1] prend en effet l'exemple d'un évêque qui refuserait d'obéir aux lois républicaines sur la laïcité. L'exemple est d'autant plus fort qu'il concerne l'un des débats les plus vifs de son époque[2], puisqu'il a suscité des passions inouïes au moment du vote de la loi de Séparation de 1905 et, plus encore au moment de son application l'année suivante (que l'on songe à la fameuse et violente « crise des inventaires »). La réponse d'Alain mérite donc d'être citée un peu longuement, car elle montre à quel point le penseur veillait toujours à être cohérent — contrairement à tant de nos contemporains qui, au nom de la liberté, sont toujours prompts à vouloir envoyer devant les tribunaux ceux qui ne pensent pas comme eux. Alain écrit donc : « Poursuivre un évêque parce qu'il enseigne publiquement que nul ne doit obéissance, en conscience, à une loi qu'il estime injuste, ce n'est pas très raisonnable. Après tout, c'est là une opinion soutenable. (…) La force n'est point le droit. (…) Chacun de nous doit agir selon la vérité. Non pas selon la vérité du voisin, mais selon sa vérité à lui. (…) Chacun est juge du vrai et du faux. Un homme qui ne pense pas,

---

[1] Alain est anticlérical mais pas antireligieux, mais c'est là une question qui mériterait de très longs développements qui n'ont pas leur place ici.

[2] Rappelons que c'est autour de cette question de la laïcité que se faisait alors le clivage droite-gauche.

autant qu'il peut, avec sa raison à lui, n'est plus un homme. Je préfère quelqu'un qui se fait tuer pour une erreur qu'il croit vérité, à celui qui méprise ou trahit la vérité qu'il a trouvée. Si cet évêque est sincère (…) il vaut cent fois mieux qu'un clérical qui se fait franc-maçon pour avancer. En bref, la vertu aveugle est plus précieuse au monde que la science sans vertu. »

Fort bien, dira-t-on, mais si chacun n'obéit qu'aux lois qu'il estime justes, la désobéissance civique risque de devenir une activité quotidienne (et un sport national !), et bientôt de plonger le pays dans l'anarchie. Et quand bien même une telle règle ne s'appliquerait qu'aux cas de conscience les plus aigus, que faut-il faire face à des fanatiques intraitables, prêts à tout pour imposer *leur* vision du *vrai* droit ? À cela Alain répond une fois de plus par une ardente profession de foi démocratique. Il juge en effet que s'il faut bien faire respecter la loi positive pour tout ce qui touche aux *actes*, sauf à sombrer dans l'anarchie, tout au moins est-il nécessaire de laisser une liberté *totale* en matière d'*opinion*. Évoquant par exemple une célèbre tentative de coup d'État perpétrée par un nationaliste à l'époque de l'affaire Dreyfus, Alain écrit : « il a bien fallu exiler Déroulède, après qu'il eut commencé à marcher sur l'Élysée. Du moins, attendons les actes, et laissons vivre les opinions. » Et de résumer son propos par cette formule : « Laissons donc parler, et comptons sur le bon sens. » Autrement dit, accordons une totale liberté d'opinion aux individus, et gageons que le débat démocratique, ainsi libéré, saura tout naturellement déboucher sur un *modus vivendi*. Il faut insister ici sur la réponse à la fois éminemment démocratique et clairement libérale qui est celle d'Alain. Elle contraste notamment de manière singulière avec notre présent, où l'on a de plus en plus tendance à criminaliser les opinions et où nul ne s'offusque plus que l'on puisse interdire un spectacle par simple décision administrative et préventive — et non pas, comme le voudrait une position libérale conséquente, par une décision de justice *a posteriori*, qui jugerait des actes et non des intentions. Sans même parler des diverses lois dites « mémorielles » qui aboutissent à criminaliser des opinions, ce qu'aucun libéral cohérent ne devrait accepter — quand bien même ces « opinions » seraient aussi abjectes et stupides que celles véhiculées par les misérables négationnistes de tout poil.

Mais le débat entre les partisans du positivisme juridique et les partisans du droit naturel transcendant la loi positive n'est pas encore clos, car il débouche inévitablement sur la question du relativisme ; une question qu'Alain ne fuit pas. Les positivistes opposent en effet aux jusnaturalistes que la simple observation historique ou géographique ruine l'idée même qu'il puisse y avoir un droit universel accessible rationnellement à tout individu par le simple biais de la raison. « Vérité en deçà des Pyrénées, erreur au-delà » disait Pascal — un penseur qu'Alain tenait en très haute estime. Que répond donc l'auteur des *Propos* aux différents positivistes qui affirment qu'en lieu et place d'un Droit aux principes universels, il ne saurait y avoir en réalité que des coutumes aussi diverses que le sont les époques et les climats ? Tel ce *« sophiste »* s'exclamant : « "La justice n'est qu'un mot. Il n'y a que des coutumes. (...) Le sauvage fait cuire son père, afin de loger l'âme paternelle dans un corps plus jeune ; il dit que cela est juste. De même vous dites que la République est juste, un autre dit que la monarchie est juste. Moi je dis, ce qui est juste, c'est ce qui est communément admis ; tout état social, tant qu'il dure, est donc juste."[1] » Alain examine dès lors soigneusement cet argument relativiste « du sauvage qui mange son père », et il conclut ainsi son propos : « Qu'est-ce que cela prouverait ? Que l'idée qu'il se fait de la justice, de la vertu, et de toutes les choses du même genre, n'est pas si

[1] *PN*, 13/6/1910.

différente de l'idée que nous en avons. Car, remarquez-le bien, s'il mange son vieux père (coquin d'enfant), ce n'est pas pour son plaisir qu'il le mange. (…) il s'efforce d'agir par raison et non par passion ; il dit que cela est juste et louable ; nous disons de même. Nous pensons seulement que ce sauvage se trompe sur ce qui est raisonnable. (…) la belle règle qu'il applique de travers : agir selon sa pensée, non selon son ventre. »

En d'autres termes, la diversité du droit positif ne saurait en aucun cas invalider le sentiment du juste qui fonde l'idée même du droit naturel, c'est-à-dire de la Justice entendue comme une série de principes universels — comme celui par exemple qui veut qu'« aucune société ne veut que les contrats soient nuls et non avenus selon le bon plaisir d'un des contractants[1]. » À ce propos, Alain aime à prendre un cas extrême en répétant[2] cette idée « jetée au vent » par Platon et développée ensuite par Rousseau, selon laquelle même une société de brigands ne peut fonder une bande véritable que pour autant que ses membres acceptent l'idée d'une règle valable et égale pour tous. En d'autres termes, même les pires brigands, s'ils veulent constituer une « bande véritable, qui est une sorte de société », doivent obéir à une loi, c'est-à-dire « être justes entre eux ». Cette loi sera voulue par tous, dit Alain, ce qui veut dire « qu'ils y manqueront peut-être, mais sans la nier ». En d'autres termes, toute mafia a ses propres règles, ses propres lois, sa propre justice, faute de quoi elle ne serait plus une « société » et se dissoudrait aussitôt au profit d'un simple champ de bataille où les individualités s'adonneraient à une pure démonstration de force. Dès que deux de ces individualités (au moins) forment une mafia, c'est-à-dire une bande ou une société, ils reconnaissent la

---

[1] *Politique*, p. 228 (propos d'août 1932).
[2] Voir aussi, par exemple, *PN*, 5/2/1912.

nécessité d'obéir à des règles fondées sur une forme de réciprocité (qui accepterait en effet d'entrer dans une bande dont le chef dirait qu'il fera ce qu'il voudra, selon son bon plaisir, sans rendre de compte à quiconque et sans respecter aucun principe envers ses « frères » ?)

Comment mieux suggérer que par cet exemple extrême l'argument selon lequel la diversité même des lois positives n'exclut en rien l'idée de droit en tant que principe de régulation ? En effet, Alain ne nie pas que le droit positif est profondément enraciné dans un contexte historique et géographique particulier. Mieux, il considère qu'un droit qui prétendrait naître hors-sol, c'est-à-dire sortir de la pure imagination de tel ou tel pseudo législateur de génie, n'aurait aucune chance d'être appliqué dans les faits. Pour lui au contraire, le droit — et *a fortiori* le droit constitutionnel — est « tiré de coutume, ou revient à la coutume[1] ». Il « ne se fait jamais selon un projet : bien plutôt, semblable en cela aux organismes naturels », il « s'adapte[2] ». De même que les « constitutions inventées par l'intelligence ont fort peu de chance d'être pratiquées[3] », les lois hors-sol, sorties tout droit de cerveaux aussi brillants qu'isolés, n'ont aucune chance d'être efficaces : « Le génie de Napoléon n'a pas inventé le *Code civil*; il a traduit en lois les coutumes de nos provinces[4] », écrit-il. Alain s'oppose ainsi à « l'esprit abstrait qui est l'esprit fou. » Et l'auteur des *Propos* d'expliquer : « L'esprit fou, c'est l'esprit gouvernant qui s'aperçoit que le beurre est trop cher, et qui annonce que tout cela va changer. Les vaches n'en vont pas moins de leur pas tranquille. (…) C'est ainsi que le troupeau des intérêts suit ses mille chemins, sans s'occuper

---

[1] Propos du 01/09/1934.
[2] Propos d'avril 1931.
[3] Propos du 01/09/1934.
[4] Propos d'avril 1931.

beaucoup de ces lois qui naissent tout armées, non pas du ventre et de la poitrine, mais de la tête, hélas, du grand Jupiter ».

Ici, Alain développe une argumentation qui n'est pas sans rappeler celle d'un Hayek par exemple, qui n'a cessé tout au long de ses écrits de partir en guerre contre toutes les formes de « constructivisme », cette « présomption fatale[1] » de l'esprit rationalisateur dans laquelle il voyait les racines mêmes de tout interventionnisme étatique. Un constructivisme qui fait des dégâts dans le domaine économique avec une planification vouée à l'échec, mais aussi dans le domaine juridique, avec une inflation législative qui parasite largement les activités individuelles fondées sur l'échange et le contrat, et dénature par ailleurs la nature même de la loi, entendue comme règle *générale* de conduite (nous y reviendrons). Il est frappant de constater combien certains propos d'Alain sont proches d'une telle vision. Ainsi, le 18 juin 1921, imaginant un « Tyran de France » qui prétendrait « faire une loi », Alain écrit qu'une telle prétention fait rire le juriste car « dans aucun pays personne ne fait les lois. » En effet, toutes les lois que les députés font sont « mauvaises parce que ce sont des lois faites. Mais mauvaises, c'est trop peu dire. Lois inapplicables. Scandales juridiques. » Et Alain d'ajouter cette formule que l'on croirait inspirée de l'évolutionnisme juridique hayékien : « les vraies lois se font et poussent de la société des hommes comme des rejetons poussent d'un rosier. (…) le jardinier n'a plus qu'à leur donner des soins et de l'air, en coupant les branches fatiguées. »

De fait, pour Alain les vraies lois ne sortent pas de l'esprit fertile des parlementaires, qui en concevraient le projet derrière les murs capitonnés de leurs bureaux (ou dans cette

---

[1] Friedrich A. Hayek, *La présomption fatale : les erreurs du socialisme*, Paris, PUF, 1993.

« maison sans fenêtre » qu'est réputée être l'hémicycle) avant
de les imposer à une société qui attendrait passivement de
ses Législateurs qu'ils lui dictent *leur* volonté afin de faire *son*
bonheur. Une loi authentique — autrement dit une loi qui a
quelque chance d'être appliquée[1] et, ce, durablement — n'est
pas faite par le parti qui est alors majoritaire au Parlement.
« C'est une erreur, écrit Alain. Les lois sont faites d'un commun accord et sans aucun esprit de parti. La loi sur les acci-
dents de travail, la loi sur les retraites ouvrières, la loi sur les
associations, sont des formules de bon sens, suggérées par
des circonstances qui ne dépendent point de ce que tel parti
ou tel autre est au pouvoir[2] ». Ce que veut dire Alain, c'est
qu'une loi durable et applicable est en réalité l'aboutissement
d'un très long mûrissement, d'un désir latent de la société,
qui se fraye peu à peu un chemin jusqu'aux bureaux des
Chambres. Ce n'est pas une idée de génie surgie subitement
de l'esprit fulgurant d'un législateur omniscient. C'est le résultat d'une longue attente, qui se manifeste dans l'opinion
depuis déjà longtemps et qui, à la faveur des scrutins, des
débats et des procès où la jurisprudence sédimente peu à peu
un droit qui n'a pas encore le statut de loi, obtient finalement

---

[1] Il est vrai qu'Alain ne vit pas à notre époque, où de nombreuses lois,
parmi les dizaines qui sont votées chaque année par le Parlement, restent
lettre morte, faute de décrets d'application, et où l'on a même entendu
naguère un président de la République — Jacques Chirac en l'occurrence,
en 2006, à l'occasion du CPE — inventer le concept de *susmulgation*,
puisque dans la même déclaration il a pu annoncer qu'il promulguait la
nouvelle loi tout en la suspendant aussitôt ! Il est tout de même difficile de
trouver un exemple plus éclatant de ce mépris très français du droit. Sur le
peu d'estime que nous Français avons pour le droit, par opposition à un
pays comme les États-Unis, nous renvoyons le lecteur au superbe essai de
Laurent Cohen-Tanugi, paru aux PUF en 1985, *Le Droit sans l'État : sur la
Démocratie en France et Amérique*.
[2] *PN*, 31/7/1912.

ce dernier statut à un moment où elle a déjà été adoptée dans la plupart des esprits.

Bien sûr, une telle conception fait peu de cas des lois avant-gardistes qui, en bousculant les idées reçues et les préjugés, voire en violentant quelque peu l'opinion publique, ont fait avancer les droits individuels (que l'on pense à des législations aussi différentes que l'abolition de la peine de mort ou encore le PACS et le mariage pour tous)[1]. Alain a beau être un homme de gauche, sa vision du droit et de la loi est empreinte d'un certain conservatisme, tout comme celle de Hayek[2] (nous allons y revenir). Car pour que la loi puisse être source de progrès, pour qu'elle puisse être un vecteur de changement et de réelle modernisation, en un mot pour qu'elle puisse prendre les devants de l'opinion publique et infléchir celle-ci sur des sujets encore controversés, il faudrait que l'auteur des *Propos* reconnaisse aux parlementaires, parmi leurs missions essentielles, la fonction législative. Or, s'il ne leur dénie pas entièrement ce rôle, force est de constater que tel n'est pas selon lui leur tâche primordiale[3]. C'est là à vrai dire une question décisive, qu'Alain aborde dans un très grand nombre de ses propos, mais que l'on voit particuliè-

---

[1] Nul ne pourra nier, dans ces cas-là, que le législateur a été « en avance » sur l'opinion publique, en ceci que celle-ci a ensuite largement basculé en faveur de ces lois, grâce notamment aux intenses débats suscités par leur adoption.

[2] Même si celui-ci s'en défendait dans un texte célèbre intitulé : « Pourquoi je ne suis pas conservateur ? », et publié en 1960, en annexe de sa célèbre *Constitution de la liberté*. On pourra trouver ce texte fameux ici : http://www.institutcoppet.org/2011/06/09/hayek-pourquoi-je-ne-suis-pas-un-conservateur-1960

[3] Sur cette question, Alain a évolué. En 1904, il estime encore que : « Interpeller, cela est facile ; cela est utile quelquefois. Mais la tâche principale, c'est de légiférer » (23/10/1904). Force est de constater que, par la suite, le rapport entre contrôle et législation s'inversera complètement et durablement dans sa pensée.

rement bien dans celui qu'il publie le 16 décembre 1912. L'auteur y met en scène un partisan de la Représentation proportionnelle qui critique son propre attachement — bien connu — au scrutin d'arrondissement, en avançant les arguments suivants : « Ce que vous dites peut se soutenir, si l'on admet que les députés ont pour unique mission de contrôler, de surveiller et en somme de résister à l'oppression. Mais ce n'est qu'une partie de leur tâche, la moins importante assurément. Un député, c'est un Législateur, un Organisateur, un Gouvernant véritable, au sens le plus élevé du mot ». Pour le partisan de la RP, cette fonction législative du député justifie notamment l'existence des partis et de leurs programmes politiques, « sans quoi nous n'aurions que des intérêts anarchiques qui tireront chacun de leur côté ». En effet, les « RPistes » jugent que le scrutin de liste oblige les candidats à s'affilier à un parti et à se présenter à leurs nombreux électeurs (puisque le scrutin se déroule dans le cadre de circonscriptions élargies) avec une étiquette, permettant ainsi à ceux-ci d'opter clairement par leur vote entre différents programmes, voire différentes idéologies. C'est donc sur des idées que les électeurs sont censés se prononcer, plutôt que sur des hommes.

Or, il est intéressant de suivre attentivement la réponse d'Alain, qui réplique dans le même propos (mais on pourrait trouver l'argument dans des dizaines d'autres) : « Et je suis bien obligé de convenir que je n'ai formé aucun plan général d'organisation ; je crois même que le meilleur des plans de ce genre ne vaut rien ; je ne crois pas tant à l'organisation sur le papier qu'à la bonne volonté des hommes. Et je crois aussi que toute société s'organise naturellement, à peu près comme un arbre pousse ; un chimiste ne saurait faire un arbre ; mais un jardinier sait très bien diriger et tailler l'arbre qui pousse. Il me semble en somme que la société est une chose organisée qui existe, qui se développe, qui change, par les besoins, les échanges, les alliances, les concurrences, la

force de vie enfin ; et chacun de nous, pris dans ce gros animal, et souvent en condition d'être gêné ou écrasé, exerce un
droit de représentation ou de réclamation ; le gouvernement
civil, qui à ce point de vue nous représente tous, a pour fonction, il me semble, non pas d'organiser la société ; ce serait
comme de vouloir faire un enfant par décret ; mais bien de
protéger l'individu contre les forces de société ». Deux ans
plus tôt, le 9 avril 1910, il écrivait déjà : « Je ne crois pas que
l'électeur se propose principalement, lorsqu'il met un bulletin
dans l'urne, d'obtenir des lois nouvelles. Dans le fond, les
lois nouvelles résultent d'un changement dans les conditions
de l'existence humaine, changement qui ne dépend ni des
rois, ni des ministres, ni des assemblées. »

Dès lors, si les députés et les gouvernements qu'ils sou-
tiennent ne sont pas d'abord des législateurs, et si leur mission ne réside pas principalement dans l'adoption de lois
régissant la vie sociale, quelle est donc leur fonction, outre
celle consistant — on l'a vu — à surveiller l'administration
afin qu'elle ne dégénère pas en technocratie toute-puissante ?
En d'autres termes : à quoi sert le pouvoir politique ? À
défendre nos droits ! répond Alain. Et pour bien se faire
comprendre, il prend l'exemple d'une foule qui lynche un
suspect, ajoutant : « c'est là une réaction naturelle de Léviathan ; c'est sa manière à lui de se gratter. » Nous notons
d'abord, qu'en l'occurrence, Léviathan ne représente pas
l'État mais bien la Société, ce « Gros Animal » dont nous
avons déjà dit combien il pouvait être liberticide pour les
minorités, et tout particulièrement pour l'individu. Pour
Alain, la mission première du gouvernement consiste précisément à défendre ce dernier. En effet, écrit-il, « le gouvernement qui représente les individus, résiste de toutes ses

forces à ces réactions de nature. Enfin la politique[1] corrige la société à peu près comme l'individu, par sa raison, redresse ses passions. Voilà pourquoi je ne considère pas la politique comme une fonction d'organisation. L'amour fait les enfants, et ensuite le médecin les soigne[2] ».

Une fois de plus, Alain, à trop vouloir être concis, risque de ne pas être pleinement compris par le lecteur trop pressé. Ce que le philosophe-poète veut dire par là, c'est que l'État, et plus précisément le gouvernement et le « législateur », n'ont pas à régenter la société, à la maintenir sous tutelle, et à lui délivrer du haut de leur Olympe des règles de conduite ou d'organisation qu'eux seuls seraient à même de concevoir au nom de l'intérêt général. En d'autres termes, le Pouvoir n'est pas là pour vouloir le bien des gens malgré eux. Ne serait-ce que parce qu'il n'en a absolument pas les moyens ! Dans une vision clairement libérale, Alain dessine les contours d'un État ayant une mission à la fois plus modeste et plus difficile : celle de garantir les droits des individus. Ni plus, ni moins. Non pas leur dire de quelle manière ils doivent se comporter pour être heureux et prospères. Les citoyens sont majeurs et bien mieux placés que les députés, les ministres ou les bureaucrates pour savoir où est leur intérêt. Non, les citoyens d'un pays libre doivent simplement pouvoir s'assurer qu'ils pourront librement mettre en œuvre les fins qui sont les leurs (et qui varient selon les individus), en ayant la garantie qu'autrui ne viendra pas contrarier leurs projets en leur imposant une volonté extérieure et arbitraire. Tel est bien le sens de la dernière phrase citée. L'État n'a pas à dicter aux individus ce qui fait leur bonheur ou ce qui doit guider leurs conduites. Il n'a pas à leur dire comment faire des en-

---

[1] Entendez, la politique comme elle devrait être, ou si vous préférez, l'État lorsqu'il se consacre à ses véritables missions, régaliennes.

[2] *PN*, 16/12/12.

fants, ni même s'ils doivent en faire. En revanche, il est garant de leurs droits et doit se porter à leur secours si quelqu'un s'avise de porter atteinte à leurs droits fondamentaux. L'image du médecin rejoint ici celle du jardinier que nous citions tout à l'heure. De même que le chimiste ne saurait faire un arbre, le jardinier se contente de lui donner des soins et de l'air en le taillant et en coupant les branches fatiguées. De la même manière, le bon gouvernant ne doit pas prétendre forger et modeler à sa guise une société qui « s'organise naturellement à peu près comme un arbre pousse ». Il doit plus modestement veiller à couper les branches mortes ou les parasites qui empêchent la forêt de se développer librement, pour le plus grand profit de tous. Ce qui veut dire aussi que si les individus veulent pouvoir mener à bien les projets de vie qui sont les leurs, ils doivent pouvoir le faire dans un cadre juridique stable, autrement dit, ne pas vivre sous la menace permanente d'une frénésie législative ou réglementaire intempestive, qui viendrait menacer leurs plans personnels à long terme. D'autres libéraux n'hésiteraient d'ailleurs pas à ajouter que cette sécurité juridique devrait s'accompagner d'une sécurité fiscale, qui fasse en sorte que les entreprises individuelles ne soient pas menacées à tout moment par une nouvelle taxation sortie du chapeau d'un pouvoir politique en mal de popularité ou bien encore incapable de boucler les fins de mois d'un État interventionniste et dépensier.

Une telle analyse, développée par Alain sous forme de paraboles et de métaphores, pourrait tout aussi bien être décrite en utilisant des termes hayékiens. Le grand penseur autrichien, d'abord économiste puis philosophe du droit et de la politique[1], a consacré l'essentiel de sa très longue carrière

---

[1] Bien qu'ayant obtenu le prix Nobel d'économie en 1974, Hayek a cessé d'écrire des ouvrages et des articles d'économie pure dès les années 1940,

académique à tenter de démontrer combien la prétention des gouvernants à vouloir régenter toutes les sphères de la vie sociale était fondée sur une vision totalement fallacieuse des possibilités de la raison humaine[1]. Cette question, qui fait l'unité d'une œuvre extrêmement cohérente mais touchant à des domaines du savoir très variés (allant de la philosophie de la perception à l'économie pure en passant par l'histoire des idées et la théorie politique), trouve son aboutissement dans une vision du droit qu'Hayek expose longuement dans l'une de ses deux sommes[2], *Droit, Législation et Liberté* (un livre paru dans les années 1970). L'auteur y expose une vision originale du droit, basée sur une philosophie évolutionniste, d'après laquelle les règles fondamentales de la *Common law* sont le résultat d'un long processus de sélection culturelle (en d'autres termes, le droit serait fondamentalement constitué de lois très générales adoptées au fil de siècles et de siècles de jurisprudence, ayant ainsi fait leurs preuves à l'échelle de l'histoire). Hayek y développe aussi une opposition entre ce qu'il appelle la *thésis*, c'est-à-dire une forme mineure du droit, créée par les organes spécialisés de l'État, et le *nomos*, c'est-à-dire la loi proprement dite. Pour résumer en quelques mots une pensée aussi riche et complexe que celle de Hayek, disons que la *thésis* correspond à peu près au droit public, c'est-

pour se consacrer principalement à la philosophie politique et à l'histoire des idées. C'est ainsi que ses deux livres, considérés comme ses chefs d'œuvre, *La Constitution de la Liberté* et *Droit, Législation et Liberté* ne sont pas des livres d'économie.

[1] Faire un parallèle entre ces deux penseurs ne veut bien entendu par dire qu'ils soient d'accord en tout point, est-il nécessaire de le préciser ? Parmi les nombreux points où leurs analyses divergent, il conviendrait de faire une place à part à la question de la raison, vis-à-vis de laquelle Hayek, nourri de la philosophie de Hume, est bien plus suspicieux qu'Alain, surtout si l'on prend le Alain du « Culte de la Raison comme fondement de la République » (1901).

[2] L'autre étant *La Constitution de la liberté*, parue en 1960.

à-dire un droit édicté par l'État, construit par le législateur, tandis que le *nomos* correspond au droit privé et constitue un ordre spontané en ce qu'il est le résultat d'une sélection culturelle des règles de juste conduite ayant permis à une société de se développer et de progresser. Alors que le droit édicté s'apparente souvent à une forme de commandement ayant un but et des destinataires très précis, les lois relevant du *nomos* se caractérisent au contraire par leur généralité et leur abstraction. Loin d'être, comme l'est la *thésis*, créée par le pouvoir politique, la règle de juste conduite — qui constitue l'essence du droit privé — n'est pas édictée par le juge. Celui-ci se contente de la découvrir, au sein d'un processus jurisprudentiel qui est au cœur du *Rule of Law*. Ce faisant, Hayek est bien aux antipodes du positivisme juridique, qui n'est à ses yeux qu'une forme outrancière de constructivisme, c'est-à-dire de cette disposition d'esprit selon laquelle le droit serait une création délibérée d'un esprit humain en proie à l'*hubris* de la raison raisonnante. Un positivisme qui n'est, aux yeux d'Hayek et de ceux qui se réclament de sa pensée, qu'un avatar d'une idéologie plus générale — dont le socialisme ou l'omnipotence du pouvoir législatif représentent d'autres rejetons.

Il est dès lors intéressant de relire, à la lumière de cette philosophie — dont nous répétons que si elle a des traits communs avec celle d'Alain, elle ne saurait en aucune manière être confondue avec elle ! —, certains propos où le philosophe français défend une conception de la vraie loi (ce qu'il appelle aussi « l'Idée de la loi ») qui n'est pas sans affinité avec les analyses d'Hayek. Dire, comme l'écrit l'auteur des *Propos*, que l'on ne fait pas d'enfant par décret ou que les lois poussent comme les arbres, c'est un autre façon de dire que le droit proprement dit — c'est-à-dire entendu comme *nomos* — ne saurait être confondu avec la *thésis*, c'est-à-dire cette espèce de « sous-droit » édicté quotidiennement par un État incontinent qui déverse à longueur de journées un océan de réglementations sur ses citoyens qui n'en peuvent mais. Cette avalanche quotidienne de règles prétendant régir toutes les dimensions de la vie sociale ne saurait donc être confondue avec la « vraie » loi, conforme au Droit dans ce qu'il a de plus noble. C'est cette loi pour ainsi dire authentique qu'Alain évoque dans un propos rédigé le 7 août 1913, où l'auteur décrit un songe dans lequel l'illustre législateur grec Solon lui apparaît et lui dit : « Une loi fonde une société ; une loi est un contrat qui met en forme un échange de services ou d'obligations. On n'échange au monde que des valeurs égales ou des services égaux ; tout ce qui manque à cette règle est guerre, pillage, vol, et injustice. La loi, au contraire, nous fait égaux ; voilà son essence. Elle est juste ou bien elle n'est pas loi. Réfléchis à ceci que, ce qui est injuste, c'est d'imposer quelque devoir aux autres, alors que soi-même on s'en dispense. (…) La loi ne considère ni Paul ni Jacques ; elle énonce quelque obligation ou interdiction en commun pour tous les citoyens ; et c'est cela qui est juste. (…) Imagine les devoirs les plus pénibles ; s'ils sont les mêmes pour tous, comme le veut la forme même de la loi, tu n'y apercevras pas la plus petite trace d'injustice. » Hayek n'est bien entendu pas le seul à insister sur la généralité de la loi, mais il est sans doute celui qui pousse le plus loin cette opposition entre ce qui relève de l'ordre du commandement, visant un but concret et un public restreint (soit cette forme mineure du droit qu'est le droit administratif, qui s'incarne principalement dans les innombrables décrets administratifs adoptés chaque jour par des bureaucraties à l'imagination régulatrice sans limites), et ce qui relève de la loi proprement dite, qui s'adresse à tous, et est d'autant plus générale qu'elle est importante (soit une forme supérieure du droit).

Par ailleurs, Alain revient souvent sur cette autre idée qui lui tient à cœur ; à savoir que toute vraie loi équivaut à une sorte de contrat — ce qui suppose la réciprocité pour être valable. Et à ceux qui rétorqueront que ce type de lois justes n'existe pas, l'auteur des *Propos* répond que le fait qu'il n'y ait pas dans la nature de cercle parfait ou de lignes droites n'enlève pourtant rien à l'idée de cercle ou de droite qu'utilise la géométrie. À ses yeux, il en est de même pour la justice : « Tout contrat entre deux est égal pour les deux ; c'est en cela qu'il est contrat. On dit là-dessus qu'il n'y a pas un seul contrat au monde ; il se peut ; l'égalité de deux choses échangées est difficile à mesurer ; toujours est-il que l'arbitre sait très bien ce qu'il s'agit de mesurer et pourquoi. » Alain — ce qui ravira les libéraux les plus fervents — en arrive même à ériger le marché en une sorte de modèle constitutif du droit. C'est là une idée qu'il exprime dans divers textes, comme par exemple l'important chapitre « Marchands » de son livre *Les Idées et les Âges*, où il explique que « le droit est né dans ces marchés publics pleins d'une rumeur tempérée, et par la double ruse du vendeur et de l'acheteur ». Une origine économique du droit en quelque sorte, qu'il développe également dans un propos fort suggestif, rédigé le 18 octobre 1907. On peut ainsi lire dans ce dernier : « Qu'est-ce que le droit ? C'est l'égalité. Dès qu'un contrat enferme quelque inégalité, vous soupçonnez aussitôt que ce contrat viole le droit. Vous vendez ; j'achète ; personne ne croira que le prix fixé après débat et d'un commun accord, soit juste dans tous les cas ; si le vendeur est ivre, tandis que l'acheteur est maître de son jugement, si l'un des deux est très riche, et l'autre très pauvre, si le vendeur est en concurrence avec d'autres vendeurs tandis que l'acheteur est seul à vouloir acheter (…) Pourquoi ? Parce qu'il n'y avait pas d'égalité entre les parties. Qu'est-ce qu'un prix juste ? C'est un prix de marché libre. Et pourquoi ? Parce que, dans le marché public, par la discussion publique des prix, l'acheteur et le vendeur se trouvent bientôt également instruits sur ce qu'ils veulent vendre ou acheter. Un marché, c'est un lieu de libre discussion. » Et pour mieux se faire comprendre, Alain prend le cas extrême d'un petit enfant, qui n'a nécessairement guère les moyens d'évaluer par lui-même le produit qui est l'objet de son désir. Un « tout petit enfant sera l'égal de l'acheteur le plus avisé, si seulement plusieurs marchands offrent publiquement à plusieurs acheteurs la chose que le petit enfant désire. Je n'en demande pas plus. Le droit règne là où le petit enfant, qui tient son sou dans sa main et regarde avidement les objets étalés, se trouve l'égal de la plus rusée ménagère. »

Comme le fait remarquer Thierry Leterre[1] en commentant le passage des *Idées et les Âges* où Alain développe exactement la même idée, il s'agit bien là d'un véritable plaidoyer libéral, dans lequel l'auteur accole deux des plus éminents maîtres-mots de la tradition libérale : le « contrat » et le « marché ». Nous avons déjà vu que chez Alain, l'idée de « contrat social » se fonde sur la peur : c'est en effet le besoin de sommeil qui engendre la nécessité de s'associer face à une menace extérieure (fatale étant donné le règne des passions dans l'histoire humaine). Mais nous avons vu aussi que cela ne voulait aucunement dire qu'à ses yeux les choses s'étaient historiquement passées ainsi. Autrement dit, Alain ne croit nullement que les hommes se seraient un jour volontairement et rationnellement unis pour se protéger contre le danger extérieur, dans une sorte de contrat d'assurance multirisque. Bref, si l'idée de contrat social peut conceptuellement aider à comprendre la raison d'être du droit, *l'histoire* du droit est bien différente, et c'est du côté du marché qu'il faut chercher sa naissance, comme Alain l'explique longuement dans *Les Idées et les Âges*. En effet, si la raison d'être du droit (son essence si l'on veut), c'est l'association que représente le contrat social, l'histoire du droit, sa genèse, plongent leurs racines du côté du marché et des échanges. Ce faisant, l'auteur s'inscrit dans une longue tradition libérale en mettant

---

[1] Thierry Leterre, « Alain et le libéralisme », *Bulletin de l'Association des Amis d'Alain*, n°79, juin 1995, p. 64-74.

en exergue la dimension pacificatrice de l'échange marchand. Montesquieu par exemple avait insisté en son temps sur le « doux commerce » censé engendrer la paix sociale en substituant la discussion et l'échange à la violence et au règne de la force. Alain reprend cette idée, tout en insistant sur d'autres dimensions positives du marché, comme par exemple sa dimension pédagogique. En effet, par la discussion, la comparaison entre les différentes offres, la négociation, l'attente (voire même par le « bluff », comme on dirait aujourd'hui), le marché aguerrit les individus en leur apprenant concrètement à raisonner en cherchant à tâtons comment défendre au mieux leur intérêt bien compris. C'est ce qu'Alain veut dire lorsqu'il écrit dans *Les Idées et les Âges* que « c'est le consentement qui fait le marché, et le consentement enferme savoir et liberté ». Et d'ajouter quelques lignes plus loin : « Aussi, dans les marchés publics, la liberté est d'abord exigée, l'égalité cherchée et bientôt trouvée, par la rumeur marchande. (…) Un marché est le plus bel exemple de l'élaboration des opinions vraies dans une réunion d'hommes. »

Mais pour Alain — décidément bien politiquement incorrect au regard de la doxa régnant actuellement dans un pays comme le nôtre[1] — les vertus du marché ne s'arrêtent pas là. En effet, celui-ci est également un modèle de Justice ; ce que montre parfaitement bien le symbole éminemment marchand que l'on a coutume d'utiliser pour représenter cette dernière : à savoir la balance. Le marché possède enfin une dimension égalitaire, comme nous avons déjà eu l'occasion de le voir, et comme le montre bien l'exemple de l'enfant utilisé par Alain dans son propos du 18 octobre 1907. « On voit bien ici, écrit-il, comment l'état de droit s'opposera au libre jeu de la force. Si nous laissons agir les puissances,

---

[1] Voir par exemple Augustin Landier et David Thesmar, *Le grand méchant marché : décryptage d'un fantasme français*, Paris, Flammarion, 2007.

l'enfant sera certainement trompé. (…) C'est contre l'inégalité que le droit a été inventé. Et les lois justes sont celles qui s'ingénient à faire que les hommes, les femmes, les enfants, les malades, les ignorants soient tous égaux. Ceux qui disent, contre le droit, que l'inégalité est dans la nature des choses, disent donc des pauvretés. »

Nous ne saurions trop insister sur l'importance de ces lignes pour la question qui nous concerne, à savoir la volonté de réhabiliter la dimension libérale de la pensée d'Alain, longtemps méconnue, voire occultée. En effet, pour les libéraux les plus conséquents, ce qui distingue l'ordre économique (c'est-à-dire l'ordre du marché ou encore l'ordre « catallactique » pour parler comme Hayek) de l'ordre politique, c'est que ce dernier est basé sur la contrainte. Essayez par exemple de ne pas payer vos impôts, et vous verrez ce qu'il en est. À l'inverse, l'ordre économique est basé sur l'échange volontaire, dès lors qu'il s'accompagne de règles destinées à empêcher que ce volontariat ne soit purement formel ou tronqué. Dès lors que de telles règles existent (et leur existence même est une exigence fondamentale de toute philosophie libérale authentique), rien n'est plus faux que de décrire la liberté du marché comme celle du renard dans le poulailler. En effet, sur un marché libre, nul n'est obligé d'acheter les produits qui lui sont proposés. Que peut en effet sur vous, pauvre consommateur, une multinationale réputée toute-puissante ? Pour peu que vous sachiez résister aux habiles sirènes publicitaires (ce qui reste tout de même à la portée de tout être doté de raison…), elle ne peut strictement rien contre vous, dès lors que vous êtes déterminé à ne pas acheter ses produits. Pour qu'elle puisse vous imposer un achat, il faudrait qu'elle dispose d'un monopole, et seuls les pouvoirs publics sont en mesure de lui en procurer un. Mais alors, nous ne sommes plus dans l'échange libre du marché. Nous avons quitté l'ordre catallactique spontané et volontaire pour l'ordre politique hiérarchisé et fondé sur la contrainte. Par là-même, nous avons aussi quitté le domaine du droit privé (du *nomos* pour reprendre le vocabulaire hayékien), qui repose sur l'idée de contrat et de réciprocité, pour le domaine du droit public (la *thèsis*) édicté par un pouvoir politique qui peut recourir à sa guise à la contrainte. On le voit, faire du marché le berceau historique du droit (privé) nous plonge au cœur de la philosophie politique alinienne en en faisant ressortir cette dimension foncièrement libérale que nous avons cherché à analyser tout au long de notre texte. Mais nous avons toujours indiqué que ce libéralisme alinien était inséparable de sa dimension démocratique — ce qui lui donnait d'ailleurs une tonalité tout à fait particulière au sein de la galaxie libérale.

Pour une démocratie du contrôle (monitocratie)
et non de la volonté (téléocratie).

Au terme de ce long parcours, nous voudrions résumer notre propos en quelques mots. Alain — nous croyons l'avoir suffisamment démontré — est un auteur que l'on peut sans hésitation qualifier de libéral, même si son libéralisme a ceci de particulier qu'il va de pair avec une profonde adhésion à l'esprit démocratique, alors même qu'historiquement les deux notions ont entretenu des relations souvent ambiguës, et parfois même conflictuelles[1]. Cette combinaison d'un libéralisme, non assumé en tant que tel mais indéniable, et d'un démocratisme (si l'on ose un tel néologisme) revendiqué haut et fort, est incontestablement ce qui constitue l'une des originalités majeures de la pensée politique

---

[1] Sur cette question, nous renvoyons le lecteur à la lumineuse petite synthèse de Norberto Bobbio, *Libéralisme et démocratie*, Paris, Les éditions du Cerf, 1996.

alinienne, et l'une des causes de l'oubli assez complet dans lequel elle cette dernière est tombée pendant des décennies. C'est qu'Alain exprime une méfiance à l'égard de l'État et de la notion même de gouvernement, en plein XXᵉ siècle ; c'est-à-dire au siècle de l'État-roi ! De même, l'auteur du *Citoyen contre les Pouvoirs* donne une définition de la démocratie profondément originale, que nous pouvons résumer ainsi : il s'oppose à la démocratie en tant que pouvoir de la volonté, et il la remplace par une démocratie fondée sur le contrôle, la surveillance, l'admonestation du gouvernant par le gouverné. En d'autres termes, à ses yeux, la démocratie ne consiste pas tant à faire remonter de bas en haut une volonté collective que les représentants seraient ensuite chargés d'exprimer et de traduire en actes. Cette vision — qui domine encore largement les représentations démocratiques de nos jours — constitue ce que nous pourrions appeler une *téléocratie*, du grec *telos*, qui veut dire : fin, achèvement, accomplissement, réalisation, résultat. Autrement dit, dans cette vision, la tâche du gouvernement consiste à mettre en œuvre un projet censé avoir été *voulu* par la base. Et c'est cette révélation et cet accomplissement qui légitimeraient le pouvoir lui-même, censé traduire en acte une hypothétique volonté collective — si tant est que celle-ci puisse avoir un sens[1]. Nous ne saurions dans le cadre de cet article développer plus longuement ce dernier point, qui supposerait notamment de démonter tous les non-dits et de clarifier toutes les ambiguïtés de la volonté générale, tels qu'ils existent au moins depuis Rousseau. Autant dire qu'une telle tâche mériterait à elle seule un

---

[1] Depuis Condorcet jusqu'à l'école du Public choice, les travaux les plus savants ont démontré l'impossibilité pratique de traduire infailliblement une multitude de volontés particulières en une volonté générale clairement identifiable. On trouve une excellente approche de ces questions dans un recueil de textes de Jacques Généreux intitulé *L'économie politique : analyse économique des choix publics et de la vie politique* (Paris, Larousse, 1996).

livre entier ! Contentons-nous de dire que, malgré toutes les difficultés qu'elle véhicule, c'est pourtant bien cette vision qui est à l'arrière-plan des discours politiques les plus convenus, qui se ramènent fondamentalement à ce crédo : « Le législateur a voté ; le peuple a voulu ». Comme si la démocratie, dans cette pure fiction qu'est la volonté générale, était au sens propre : le pouvoir (*kratè*) du projet collectif, de l'accomplissement (*telos*) des intentions émanant du peuple. En d'autres termes, une *téléocratie*[1], soit une démocratie de la volonté collective.

À cette conception dominante, Alain en oppose une profondément différente, et éminemment libérale : la démocratie comme contrôle et admonestation. Il ne s'agit plus tant de faire remonter des gouvernés vers les gouvernants une hypothétique *volonté* collective (à laquelle l'individualiste Alain ne croit guère en tant que telle). Il s'agit bien plutôt de *surveiller* étroitement les gouvernants pour les *empêcher* d'abuser de leur pouvoir ; de serrer la bride sur leur cou afin qu'ils n'empiètent pas sur les droits fondamentaux des gouvernés, c'est-à-dire des individus que sont les citoyens et à qui ils doivent pour ainsi dire rendre des comptes au quotidien. Ce sont d'ailleurs ces droits individuels que les élus ont pour mission première de garantir, plutôt que de chercher à régenter la vie des gens, jusque dans les moindres détails et dans tous les domaines possibles et imaginables. Bref, à une démocratie de la *volonté* (que nous avons appelée *téléocratie*), Alain oppose une démocratie du *Contrôle*, de la *Surveillance*, de l'*Admonestation*, que nous nous proposons d'appeler *monitocratie*, un mot dérivé du latin *monitor* (celui qui rappelle, conseille, guide, avertit, met en garde, sermonne) et *monéo* (je morigène,

---

[1] C'est nous qui inventons ce terme, que l'on ne trouvera pas chez Alain. Il nous paraît toutefois avoir le mérite de synthétiser la conception volontariste de la démocratie à laquelle il s'oppose.

réprimande, ad*mones*te, mets en garde, avertis, rappelle, conseille, suggère, recommande, incite, corrige, punit, châtie, etc.)[1] Soit très exactement ce que fait l'électeur républicain « pendu aux basques de l'élu[2] », qu'il surveille (via la presse) et admoneste[3] en permanence (jusque sur la place du marché).

On comprend dès lors mieux pourquoi l'enjeu du mode de scrutin occupe une telle place dans les écrits d'Alain (ce qui constitue une autre de ses originalités dans un pays où cette question pourtant cruciale n'intéresse guère les analystes de la politique)[4]. Le philosophe y a pour sa part consacré des dizaines, si ce n'est pas des centaines, de propos tout au long de sa vie. Aucun autre thème politique n'a eu droit à autant d'attention de sa part. Et certains ont voulu voir là une sorte de nouvelle excentricité chez un homme qui n'en serait pas

---

[1] Là encore, nous inventons un terme qui n'existe pas chez Alain, mais qui nous semble bien synthétiser la démocratie du contrôle qu'il défend. Le verbe latin *monere* donne aussi divers mots de la même famille, qui tous évoquent la même idée, comme *monitum* (rappel, avertissement, conseil, avis), ou encore *monitio* (celui qui rappelle, conseille, guide), etc.

[2] Propos du 18/4/1936.

[3] Rappelons la définition du verbe « admonester », qui vient du latin « monere » à partir duquel nous avons forgé le mot *monitocratie* : « Admonester : Donner un avertissement accompagné souvent d'un jugement sévère, voire d'un blâme ». Difficile de donner un meilleur résumé de ce que devrait être, selon Alain, le citoyen éveillé et libre vis-à-vis des gouvernants qu'il élit.

[4] C'est là une remarque très juste que faisait souvent Michel Debré, qui comme Alain, jugeait la question tout à fait déterminante, même si les deux hommes n'avaient pas les mêmes vues sur le mode de scrutin idéal (Michel Debré était d'abord et avant tout partisan d'un scrutin majoritaire, fût-il de liste). Sur ces questions je renvoie à : Jérôme Perrier, *Michel Debré,* Paris, Éditions Ellipses, 2010, 452 p. ; et Jérôme Perrier, *Entre administration et politique : Michel Debré 1912-1948 : du service de l'État à l'entrée au forum* (préface de Serge Berstein), Institut universitaire Varenne, 2013, coll. des thèses n°84, 2 vol., 1114 p.

avare. Lourde erreur ! Si la question préoccupe tant Alain, c'est qu'elle touche à ses yeux au fondement même de la démocratie et de ce qui fait la légitimité d'un pouvoir élu. À ses yeux, la Représentation proportionnelle (RP) est par essence le mode de scrutin propre à la *téléocratie* pure : en faisant voter l'électeur pour des partis et des programmes, elle cherche en effet à mettre en œuvre cette démocratie du projet collectif et de la volonté populaire qu'elle prétend incarner. À l'inverse, le scrutin d'arrondissement, dont Alain se fait le défenseur passionné, intransigeant, et presque exalté, est au cœur même de toute sa réflexion politique, car il incarne on ne peut mieux ce que nous avons baptisé *monitocratie*, c'est-à-dire cette démocratie du contrôle et de l'admonestation, où l'élu — désigné pour son caractère et ses valeurs bien plus que pour son programme[1] — est sous la surveillance vigilante de ses électeurs. Non pas parce que ceux-ci entendent faire le décompte scrupuleux des promesses non tenues, mais parce qu'ils entendent surtout l'empêcher d'abuser de son pouvoir en cherchant à leur imposer une volonté, qui ne peut être que la sienne (sachant que pour l'individualiste Alain la volonté est nécessairement personnelle et ne saurait être collective, sauf à procéder à un abus de langage).

Alors, bien sûr, entendons-nous bien. Une démocratie ne saurait être purement *monitocratique* et se passer de toute dimension *téléocratique*. Pour preuve, tout candidat — même aux fonctions les plus modestes — se sent obligé de balbutier au moins une esquisse de programme. En réalité, comme Alain ne cesse de le répéter, dans une tradition aristotélicienne, un régime politique donné est toujours, *de facto*, un mélange d'idéaux-types (comme par exemple la monarchie,

---

[1] Voir, parmi de nombreux autres exemples, *PN*, 30/6/1911 et 7/10/1912.

l'oligar-chie, la démocratie, etc.) De la même manière, un régime démocratique est forcément *à la fois téléocratique et monitocratique*. Mais ce qui est essentiel, c'est la composition exacte de ce mélange, la teneur de cet alliage. En effet, la *téléocratie* pure supposerait un mandat impératif, dont on sait qu'il est réclamé par exemple depuis longtemps par l'extrême gauche. À l'inverse, la *monitocratie* pure signifierait la délégation de pouvoir accompagnée d'un strict et quotidien pouvoir de réprimande (ce qui ne veut pas dire révocation) de l'électeur sur l'élu, afin que ce dernier se souvienne à tout moment de qui il tient son mandat. Alain, on l'a dit et redit, a clairement une préférence pour cette dernière conception, mais il n'est pas assez naïf pour ignorer qu'il est concrètement impossible d'éliminer (si tant est que cela soit d'ailleurs souhaitable à ses yeux) toute dimension *téléocratique* dans le régime tel qu'il existe dans la France de la IIIᵉ République. D'où la centralité du combat contre les proportionnalistes (les « RPistes »), dont il ne cesse de répéter qu'ils ont « une tout autre conception de la République[1] » que la sienne.

Ce qui est certain en tout cas — et ceci n'est pas sans rapport avec la longue éclipse qu'a connue sa pensée politique au XXᵉ siècle —, c'est que la conception de la démocratie que développe Alain s'oppose de plein fouet à ce que Pierre Rosanvallon a appelé la « science de la volonté[2] » et qui a dominé le siècle dernier. Dans des pages comme toujours denses et limpides, l'auteur de *La Démocratie inachevée* rappelle tout d'abord qu'à travers l'œuvre de Machiavel (notamment), la modernité a opéré une rupture radicale avec l'ordre ancien puisque la politique ne consistait plus à mettre en œuvre un régime conforme à la loi naturelle (comme à l'époque grec-

---

[1] *PN*, 31/7/1912.
[2] Pierre Rosanvallon, *La démocratie inachevée : histoire de la souveraineté du peuple en France*, Paris, Gallimard, 2000, p. 413 sq.

que où l'ordre ici-bas devait refléter celui du *cosmos*), mais érigeait désormais la Cité en acteur autonome, souverain, maître de sa propre destinée. D'où l'émergence du gouvernement conçu comme l'incarnation d'une volonté collective, et qui trouvera son véritable accomplissement dans ce que nous avons pour notre part appelé la *téléocratie*. Comme l'écrit encore Pierre Rosanvallon, dès les débuts de l'époque moderne les libéraux ne vont cesser d'en appeler « à une politique plus modeste qui mette à distance l'exercice d'une volonté trop entreprenante ». Et cette crainte libérale s'avèrera largement (et tragiquement) justifiée au XXᵉ siècle, lorsque les régimes totalitaires comprendront la « célébration martiale d'un décisionnisme affranchi des lenteurs de la délibération » comme « la voie royale d'une restauration de la volonté ». Bref, lorsque le volontarisme politique ira jusqu'à prétendre transposer la supposée volonté collective dans une volonté personnelle unique, celle du Guide (qu'il ait nom *Führer, Duce, Petit Père des Peuples, Caudillo, Conducator*, etc.) Même dans les régimes démocratiques, la volonté politique est alors exaltée, voire mise en scène et théâtralisée (à travers par exemple la politique des Grands travaux en France). Cette démocratie de la volonté a ainsi trouvé en France — où la place de l'État est éminente depuis déjà très longtemps — un terrain d'élection, tout particulièrement à l'époque du gaullisme triomphant, qui a su lui donner le lustre supplémentaire d'un « imaginaire démiurgique » (pour reprendre là encore les mots de Pierre Rosanvallon). On comprend dès lors pourquoi dans ce XXᵉ siècle, âge d'or du volontarisme politique, la conception alinienne d'une démocratie du contrôle, à la fois modeste et exigeante, a pu paraître à beaucoup comme quelque peu dépassée, ou en tous les cas bien prosaïque, face au sublime d'un volontarisme politique fort habile à ériger une geste politique héroïque faite « au nom du peuple » (même dans sa version purement technocratique).

Mais les temps ont changé, et comme le montre de manière là encore très convaincante Pierre Rosanvallon, « tout ce système » s'est « brutalement lézardé à la fin du XXᵉ siècle ». À la faveur de la crise économique, mais aussi d'une société de plus en plus complexe, où la notion de volonté collective a perdu aux yeux de beaucoup l'évidence qu'elle avait jusque-là, c'est cette vision volontariste de la politique appuyée sur un État fort et en surplomb de la société, qui s'érode, voire s'effondre. Face à cela, la société civile reprend des couleurs et manifeste de plus en plus sa capacité d'auto-organisation. On assiste dès lors à une sorte de revanche de l'individu, même si celle-ci n'est pas sans susciter beaucoup de craintes et de doutes. Quoi qu'il en soit, à un modèle exaltant la volonté politique, se substitue confusément un autre, infiniment plus complexe et moins lisible, dans lequel les régulations ne se font plus de manière uniforme, globale et selon un processus *top-down*, pour parler comme les anglo-saxons. C'est dans un tel contexte, que la démocratie du contrôle d'Alain semble acquérir une nouvelle jeunesse, alors même que l'âge d'or du volontarisme politique emmène avec lui dans sa tombe les illusions engendrées par la *téléocratie* pure telle qu'elle a été promue pendant des décennies à un peuple que l'on invitait à se laisser gouverner pour son bien. Plus largement, c'est toute la pensée d'Alain qui gagne une extraordinaire actualité face aux évolutions politiques et sociales contemporaines. C'est pourquoi nos élites politiques, en quête d'une nouvelle légitimité en ces temps de profonde crise démocratique, seraient bien avisées de relire des propos comme celui-ci, écrit le 3 juillet 1911 : « Il y a toujours deux politiques : celle des politiques et celle des citoyens. (…) il n'y a point de bons maîtres. On demandait aux poulets à quelle sauce ils voulaient être mangés : "Mais, nous ne voulons point être mangés". On demande au peuple : "Par qui veux-tu être gouverné ?" Mais nous ne voulons point être gouvernés. Le peuple est roi ; pourquoi abdiquerait-il ? »

Peut-on encore douter, après cela, qu'Alain a toute sa place au Panthéon des plus grands auteurs libéraux ?

TABLE DES MATIÈRES

www.ingramcontent.com/pod-product-compliance
Lightning Source LLC
Chambersburg PA
CBHW062011280526
45787CB00005B/2058